I0135579

DISSERTATION

SUR

LA COMMUNAUTÉ

NORMANDE,

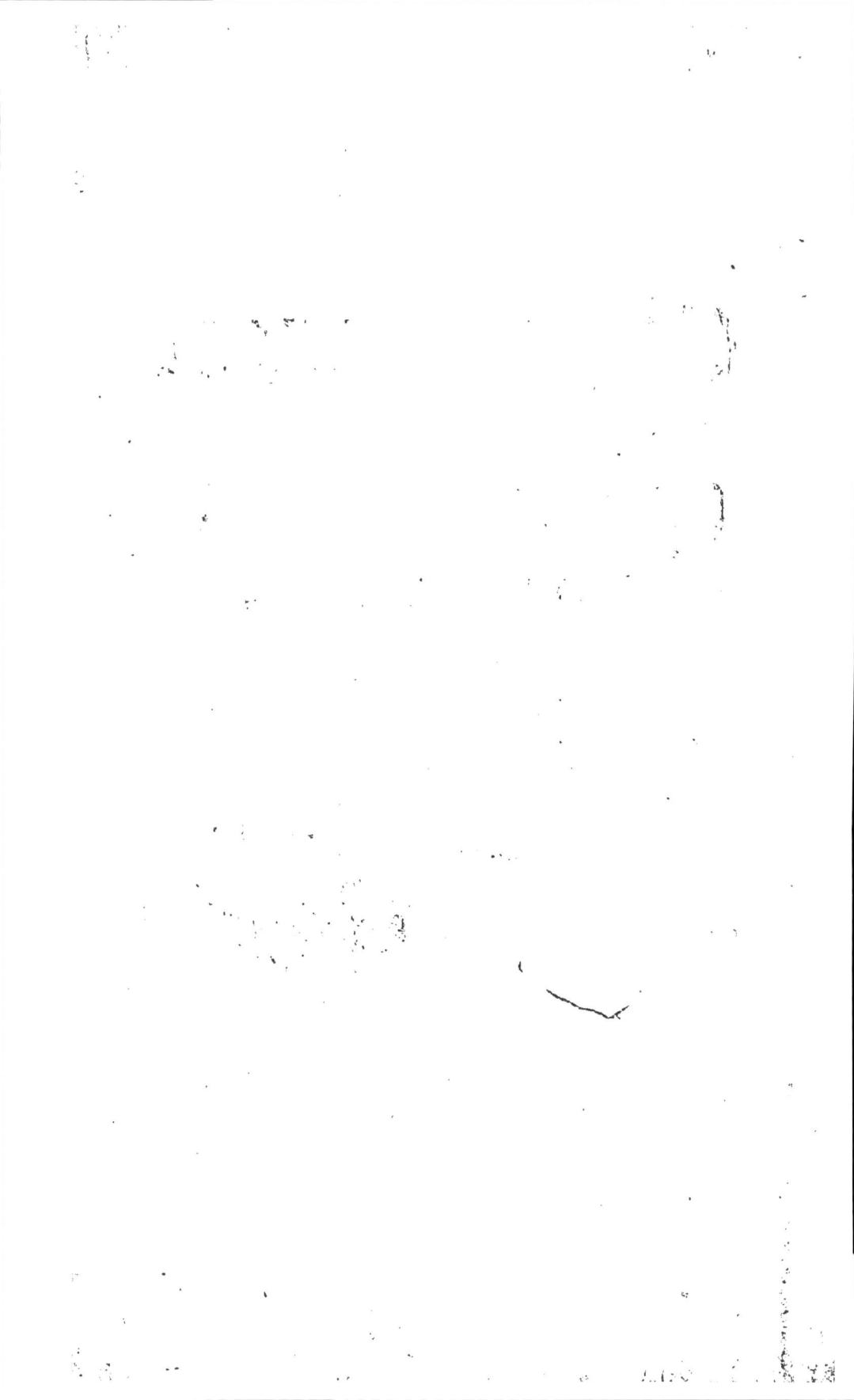

DISSERTATION

SUR LA

COMMUNAUTÉ

NORMANDE.

Par Me. DU CASTEL, Avocat au
Parlement de Normandie,

BIBLIOTHÈQUE ROYALE

LA ROUEN,

Chez PIERRE SEYER, Imprimeur
de Monseigneur l'Archevêque, rue
Ecuyere, à l'Imprimerie du Levant.

M. DCC. LXX.

A MONSEIGNEUR

MONSEIGNEUR

PAUL-CHARLES-CARDIN

LE BRET,

CHEVALIER, CONSEILLER du Roi en ses Conseils , Avocat-Général de Sa Majesté au Parlement de Normandie.

MONSEIGNEUR;

Ce foible Ouvrage avoit besoin d'un nom cher.

A 3.

ÉPITRE DÉDICATOIRE,

à la Magistrature, &
vous m'avez permis de
l'offrir au Descendant
des L E B R E T,
au Défenseur des Loix,
à l'Ami des hommes.

Je serai toujours,
avec la reconnoissance la
plus respectueuse,

MONSEIGNEUR,

Votre très-humble,
très-affectionné & très-
obéissant serviteur, DU
CASTEL, Avocat.

DISSERTATION

SUR LA

COMMUNAUTÉ

NORMANDE.

PROPOSITION.

E veux d'abord prouver que parmi nous les conjoints font communs en biens-meubles & conquêts immeubles.

Je ferai voir enfuite quelles font les conféquences de cette Communauté.

L'objet de ma Differtation eft de

A 4

montrer le principe qui doit déterminer les droits des époux.

J'ai contre moi l'expreſſion appa-
rente de notre Coutume, & d'anciens
préjugés.

J'ai pour moi l'eſprit de nos Loix;
& de là je conclus que ſi j'ai lieu de
craindre, j'ai auſſi l'eſpérance de réuſſir.

PRÉLIMINAIRE.

L'Union conjugale doit être une
ſociété de penſées & de ſenti-
ments, de plaiſirs & de peines.

Il ſemble donc auſſi qu'elle devroit
être une ſociété de biens.

Dans les pays où les femmes ſont
nubiles avant d'être raiſonnables, dans
ceux où le deſpotiſme des maris interdit aux femmes la connoiſſance des af-
faires, il peut y avoir des exceptions
à cette regle générale.

Chez les peuples où les facultés des

deux fexes font plus également déve-
loppées, où leurs droits font mieux
connus & mieux établis, la communauté de biens eft, ou fuppofée, ou per-
mife.

La nature a donné à l'homme plus
de force, plus de génie, plus de gran-
deur d'ame, il peut donc être plus utile
à la fociété, & en retirer un plus grand
profit.

L'infirmité des femmes les a confi-
nées dans l'intérieur de la maifon ; elles
ont donc eu befoin que quelqu'un les
repréfentât au dehors. Le droit civil
a chargé les maris de ce foin ; & pour
ne les point gêner dans leurs opérations, il les a rendus maîtres des biens
communs : mais comme cette adminiftration arbitraire pourroit préjudicier
les femmes, on leur a permis de renoncer à la fociété, & de reprendre dans
la maffe commune ce qu'elles avoient
apporté, ou des fommes déterminées.

Quand j'ai dit que les conjoints Normands étoient communs, je n'ai pas affirmé que la portion des femmes devoit être égale à celle des maris, j'ai voulu dire seulement qu'ils étoient en société.

Ce n'est point l'égalité ni l'inégalité des partages qui forment le contrat social. Les femmes d'un pays de communauté peuvent avoir dans les meubles & conquêts, plus que celles d'un autre lieu ; cependant elles ne sont ni plus ni moins associées, elles diffèrent seulement dans la quotité de leurs avantages.

Les cadets n'ont que le tiers des biens de Caux, ils sont pourtant héritiers comme l'aîné. Les femmes Normandes n'ont pas autant dans les meubles & conquêts, que les Parisiennes, elles sont néanmoins également en société de biens : c'est ce qu'il faut établir.

Pour le bien faire, j'examinerai ce

qu'on a toujours négligé , je veux dire la qualité refpective des maris & des femmes en Normandie.

1°. Si l'on adopte l'opinion vulgaire , le mari n'eft que l'adminiftrateur du bien de fa femme , & la femme n'eft que l'héritiere du mari.

2°. Si l'on combine les commencements & les fuites de la communauté françoife avec les difpofitions de notre Coutume , les époux Normands paroîtront communs en biens.

3°. Si l'on admet que la femme prend les meubles & conquêts *à droit de mariage* , ou d'*un ftatut purement réel* , elle ne fera ni l'héritiere ni l'affociée de fon époux , & ce dernier reftera fimple adminiftrateur.

Je confidérerai féparément ces trois objets. Dans la premiere divifion je ferai voir les raifons de ceux qui penfent que la femme eft héritiere. Dans la feconde je démontrerai que les con-

joints Normands font communs en
biens , & que la femme ne peut être
l'héritiere de fon mari. Dans la troifieme je réfuterai la prétention de ceux
qui foutiennent que la femme prend
les meubles & conquêts *à droit de ma-*
riage , ou d'un *ftatut purement réel.*
Après cela viendront les conféquences
de la communauté des conjoints.

PREMIERE DIVISION.

CEUX qui donnent à la femme la
qualité d'héritiere, fe fondent fur
l'article 389 de notre Coutume , qui
s'exprime ainfi :

» Les perfonnes conjointes par ma-
» riage ne font communs en biens , foit
» meubles ou conquéts immeubles ;
» ains les femmes n'y ont rien qu'apiès
» la mort du mari. »

1°. Si la femme ne partage pas en
qualité de commune , c'eft donc à titre
d'héritiere.

2°. Les articles 229 & 392 ne donnent droit aux femmes, dans les meubles & conquêts, qu'*après la mort du mari*, (le premier de ces articles est sous le chapitre des successions collatérales) ce qui suppose dans la femme le titre d'héritiere.

3°. L'article 394 porte que la femme *peut renoncer à la succession de son mari ;* c'est évidemment la qualifier d'*héritiere.*

4°. L'article 81 du Réglement de 1666, porte « que la femme séparée » de biens n'est pas censée *héritiére.* »

5°. Les articles 82 & 83 du même Réglement, contiennent les termes de succession & ceux d'*héritiere.*

6°. Tous les Arrêts de la Cour qui concernent les droits des femmes, ne les font connoître que sous le nom d'*héritieres.*

7°. L'usage général de la Normandie est de donner aux veuves la qua-

Lté d'*héritieres* ou de non *héritieres*.

8°. Notre ancien ſtyle de procéder dit expreſſément que la femme partage à titre d'*héritiere*.

9°. On ne trouve rien, ſoit dans notre vieux Coutumier, ſoit dans Rouille, ſoit dans Terrien, qui détruiſe cette dénomination d'*héritiere*.

10°. Avant la réformation de notre Coutume, la femme n'avoit point de *partie* dans les conquêts de Coutume générale, d'où il ſuit qu'elle n'étoit pas commune en biens, & qu'elle étoit *héritiere*.

11°. Enfin l'opinion unanime, & de nos Auteurs, & des Auteurs étrangers, eſt qu'il n'y a pas de communauté parmi nous, & que la femme eſt *héritiere*.

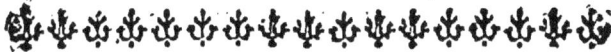

SECONDE DIVISION.

CE n'eſt pas aſſez d'établir que les femmes Normandes ſont qualifiées d'héritieres, il faut démontrer qu'elles le ſont.

Cette démonſtration ne pourroit ſe faire qu'en préſentant les droits des femmes comme une conféquence de l'hérédité : je prouverai bientôt que cela ſeroit impoſſible,

Pour y parvenir, j'examinerai l'origine de la communauté Françoiſe, ſes progrès & ſes variations dans le Royaume, ſa continuité en Normandie, & ſon admiſſion dans la Coutume réformée.

EXAMEN.

Les Francs admettoient une communauté modifiée. Ce peuple chaſſeur & guerrier négligeoit l'agriculture. Des eſclaves & des troupeaux faiſoient ſes

richeſſes. Une habitation ſimple & de
foibles entours compoſoient ordinaire-
ment tout l'immeuble du pere. Cette
demeure, nommée *Sala* *, étoit déférée aux mâles, car les filles ne ſuccé-
doient point aux terres ; elles apportoient peu de meubles à leurs maris,
& ceux-ci étoient obligés de les doter.
Cette dot maritale eſt ce que nous appellons maintenant le douaire : chez
les Francs, il conſiſtoit dans une portion des meubles ; chez nous, c'eſt l'u-
ſufruit d'un fonds.

La perſonne de la femme, ce qu'elle
avoit apporté en ſe mariant, & ce qui
lui étoit échu -conſtant le mariage,
tomboient en la puiſſance du mari.

Il y avoit cependant une cer-
taine communauté de meubles entr'eux : ſi la femme ſurvivoit, elle y
prenoit le tiers ; ſi elle prédécédoit,
tout reſtoit à ſon mari. Ce tiers étoit
indépendant du douaire, qui étoit, ou
légal,

* D'où vient le mot *Sali-que*.

légal, ou conventionel, & l'on ne diſ-
tinguoit point ſi le mari laiſſoit ou ne
laiſſoit pas d'enfans.

Telle étoit la ſociété conjugale des
François quand ils s'établirent dans la
Gaule.

Deux Hiſtoriens célebres , M. le
Comte *de Boullainvilliers* & l'Abbé
Dubos, ont donné des ſyſtêmes contraires ſur cet établiſſement. Le premier a cru que les Francs avoient im-
poſé la ſervitude aux Gaulois ; le ſecond a changé l'acceptation adoptée
de tous les monuments littéraires, pour
ſoutenir que les Francs n'avoient pas
conquis la Gaule, & qu'ils n'y étoient
entrés que pour défendre les originai-
res attaqués par les Romains.

Chaque ſyſtême manquant de juſ-
teſſe, on l'a réfuté en faiſant voir deux
choſes, l'une, que la Gaule avoit été
vaincue par les Francs, l'autre, qu'elle
n'avoit pas été ſoumiſe à l'eſclavage.

B

Pour établir la premiere propofition ;
on a démontré que les Francs s'étoient
réfervés des prérogatives, & qu'ils en
avoient retiré aux Gaulois. Pour établir
la feconde, on a prouvé que chaque
peuple avoit confervé fes loix & fes
ufages.

Nous venons de voir quels étoient
ceux des Francs à l'égard de la Communauté.

La Gaule, depuis cinq cens ans fous
la domination des Romains, avoit
adopté leur langage, leurs mœurs &
leurs loix. C'étoit alors le Code Théo-
dofien qui gouvernoit l'Empire. Ainfi
l'état & les droits des conjoints étoient
à peu près ce qu'ils font actuellement
dans les Provinces régies par le droit
écrit. Les femmes apportoient à leurs
maris une dot & des biens dotaux, &
ces derniers en avoient la jouiffance,
Tout ce qui ne compofoit point ces
efpeces de biens, & ce qui écheoit aux

femmes conftant leur mariage, étoit
à leur difpofition : c'eft pourquoi les
époux étoient pour cet objet féparés de
biens, & par cette raifon les femmes ne
pouvoient rien prétendre aux meubles
& aux conquêts de leurs maris.

Si le droit Romain n'admettoit pas
la Communauté des Francs, il ne dé-
fendoit point de la ftipuler. Cette Jurifprudence s'eft confervée dans nos
pays de droit écrit.

On ne fait point fi la communauté
admife chez les anciens Allemands fut
introduite ou fimplement renouvellée
dans les Gaules par les François. Des
recherches profondes & méditées don-
neroient à cet égard peu d'éclaircifle-
ments & bien des doutes : ce qui eft
certain, c'eft que nous la voyons com-
mencer avec la Monarchie.

En effet, la Préface des Capitulaires
de d'Agobert, compofés par *Baluze*;
nous annonce ces Capitulaires comme

une collection de Loix *anciennes*. Or
ce qui étoit ancien pour le cinquieme
fiecle, devoit exifter au moins dès le
quatrieme. Voici trois difpofitions du
Chapitre XXXVII du premier Livre
de ces Capitulaires.

» 1°. La femme (1) peut prétendre
» tout ce que fon mari lui a promis dans
» fon contrat de mariage. »

» 2°. Si le contrat (2) ne porte au-
» cune donation, & que la femme fur-
» vive à fon époux, elle aura 50 f.
» pour fon douaire, outre la troifie-
» me partie des meubles, & le Mor-
» gangeba. »

(1.) Si quis mulierem defponfaverit,
quidquid ei pertabularum vel chartarum
inftrumenta confcripferit perpetualiter in-
convulfum permaneat.

(2) Si autem per feriem fcripturarum
ei nihil contulerit fi virum fupervixerit
quinquaginta folidos in dote recipiat, &

3ₒ. » Si ce qui a été (3) promis &
» livré fe trouve confommé par les
» conjoints , la femme n'en pourra for-
» mer la demande.

On trouve dans le premier article
une communauté conventionelle , &
dans le fecond une purement légale ,
qui s'eft , pour ainfi dire , confervée
chez nous , car les femmes Normandes prennent fouvent , après la mort de
leurs maris , un douaire , un tiers dans
les meubles , & leurs linges , hardes ,
bagues & joyaux. Or c'eft précifément
la difpofition de ce fecond article ,

---

tertiam partem de omni re (mot générique des meubles) quam fimul colloborâ-
verunt fibi ftudeat evindicare , & quïdquid
ei Morgangeba traditum fuerat , fimiliter
faciat.

(3) Quod fi ex his quæ confcriptavit
tradita funt , fimul confumpferint , nihil
requirat. Voir d'ailleurs le traité de paix
de 587.

puifque le Morgangeba (4) revient à ce que nous appellons linges, hardes, &c.

Ces décifions faites pour les femmes du peuple , avoient lieu pour celles des Rois. On lit dans l'Hiftoire d'Aimoin ; » que les fils de d'Agobert I. » n'avoient point compris dans le partage de fes Tréfors la troifieme (5) » partie des chofes qu'il avoit acquifes » depuis fon mariage avec la Reine Nantilde., à qui cette part revenoit.

---

(4) Suivant le traité de paix fait en 587 entre les Rois Childebert & Gontran , le Morgangeba eft défini *un préfent du matin* , *donum matutinale.* C'étoit un don que le mari faifoit à fon époufe le matin du lendemain de fes nôces : mane vel tempore matutino *poft concubitum* fponfæ offerabatur..... *Baluze.*

(5) Tertia parte tamen *ex omnibus* quæ d'Agobertus acquifierat , poftquam Nantildem fibi fociaverat, ipfi Reginæ fervata.

La communauté continua d'être fous la feconde race de nos Rois, ce qu'elle avoit été fous la premiere. L'article IX du Livre IV des Capitulaires de Charlemagne & de Louis le Débonnaire, en fournit une bonne preuve. Le voici : » Nous voulons (6) que les » femmes qui auront furvécu à leurs » maris, prennent le tiers des biens » qu'ils auront acquis enfemble. »

Flodoard, parlant des difpofitions teftamentaires du Roi Raoul, décédé en 936, confirme encore l'exiftence de cette communauté. » Raoul (7), » dit-il, donna le refte de fes Tréfors

_____

(6) Volumus ut uxores defunctorum poft obitum maritorum tertiam partem colloborationis quam fimul in beneficio colloboraverunt accipiant.

(7) Præter uxoris partem quidquid thofaurorum fupererat per Monafteria Franciæ Burgundiæ que direxit.

» aux Monasteres de France & de Bour-
» gogne , *à l'exception* de la part de
» la Reine , &c. »

Il est indubitable que la Neustrie (8)
suivoit alors le droit commun du Royaume , du moins on ne produit point de
monuments qui démentent cette pré-
somption nécessaire;

Cette Province , ravagée par les
Normands , leur fut cédée par Charles le Simple en 912. Philippe Au-
guste la réunit à sa Couronne en 1204.
Ne pourroit-on pas soupçonner qu'elle
se seroit écartée du droit général pendant la durée de la domination des
Ducs de Normandie ?.

On doit convenir que ces Princes
auroient fait des changements , s'ils en
avoient voulu faire : toutefois il est im-
possible

_____

(8) Maintenant la Normandie.

possible de justifier leurs innovations par des réglements ou par des actes quelconques.

D'un autre côté, Guillaume le Conquérant soumit l'Angleterre, & lui donna des Loix. Personne n'ignore que ces Loix étoient celles des Normands. Or Londres, l'exemption de Westminster, & plusieurs cantons de l'Angleterre, ont conservé jusqu'à ce jour notre communauté françoise : il faut donc croire que les Normands l'avoient adoptée, & qu'ils l'ont maintenue chez eux après l'avoir introduite dans leur conquête.

Au reste je pense que le génie des peuples du Nord admettoit plutôt une communauté entre les conjoints, qu'une succession. On connoît d'ailleurs les attentions du premier Duc de Normandie pour repeupler cette Province dévastée : il est donc sensible que pour y faire revenir ses habitants dispersés

C

dans le Royaume , il leur aura promis la confervation de leurs loix & de leurs privileges. S'il eût voulu les détruire , il auroit annoncé le defpotifme & l'arbitraire , & par conféquent révolté les efprits & contrarié fes defleins.

Les premiers Francs fuivoient un Chef plutôt qu'un Maître. Cette Nation , groffiere & généreufe, ne connoiffoit guere d'autre loi que fes defirs. Quand ils eurent fixé leurs établiffements dans la Gaule, qu'ils ne furent plus continuellement réunis pour piller , & qu'ils négligerent de paroître aux affemblées publiques , leur Chef devint peu-à-peu leur fouverain & leur Légiflateur.

La foibleffe des fucceffeurs de Clovis n'affoiblit point le pouvoir fuprême : les Maires qui régnoient fous leur nom furent en maintenir & en étendre les droits. Charles Martel & Pepin étoient chéris , craints & refpectés. Le

Gouvernement françois n'étoit pourtant pas despotique. Les Grands du Royaume formoient le Conseil du Prince, & ce Conseil prononçoit sur les intérêts du peuple.

Charlemagne, fait pour gouverner la France & pour l'agrandir, épura la législation, mit de l'ordre dans ses Domaines, & donna l'exemple d'une vraie Monarchie.

Son fils ne connut jamais les devoirs d'un Roi, ni ceux d'un pere. Ses enfans ayant partagé son Empire, ils le déchirerent & l'affoiblirent. Les Rois qui leur succéderent furent presque tous des Princes foibles & méprisés.

Les ravages des Normands diminuerent encore leur autorité. Le nom de Roi ne fût plus qu'un titre. Enfin Hugues Capet monta sur le Trône des François. Comme il devoit son élévation à l'anarchie, il n'osa ramener les Grands du Royaume à la subor-

C 2

dination. Ce qu'il craignit de faire, ses premiers successeurs le tenterent inutilement. Le mal, déjà grand, s'accrût par degrés ; les vices du Gouvernement produisirent le désordre des Loix ; le systême féodal fit sentir tous ses inconyénients ; l'hérédité & l'aliénation libre des fiefs changerent l'économie de la Législation ; la Souveraineté usurpée donna naissance à la multitude & à la bizarrerie des Coutumes ; la communauté varia ; l'ancienne dot mobiliaire, devenue dot en fond, prit le nom de douaire, & les femmes, outre leur part dans les meubles, eurent une part dans les conquêts.

La communauté se conserva mieux en Normandie que dans les autres Provinces du Royaume ; car, jusqu'à la réformation de notre Coutume, les femmes ne prirent rien en propriété dans les conquêts de Coutume générale ; c'étoit donc avoir maintenu plus sainement les anciennes regles. La raifon de cette différence eft fenfible. Premiérement, les Ducs de Normandie, craints au dehors, aimés & refpectés chez eux, furent prefque toujours affez puiffans pour réprimer les entreprifes de leurs premiers vaflaux, & pour prévenir les innovations & les abus. En fecond lieu, cette Province réunie à la Couronne par Philippe Augufte, dans un temps où la Royauté reprenoit fes avantages, a dû éprouver moins de changemens que les autres.

La communauté françoife reçut encore des augmentations. Les femmes obtinrent d'abord la faculté de tranf-mettre *à leurs enfants* le droit de partager les effets communs avec leurs maris. Bientôt tous les héritiers des femmes prémourantes eurent le même privilége. Alors les femmes avoient la moitié des meubles & conquêts, & l'ufufruit de l'autre part des acquifitions,

C 3

quand elles furvivoient leurs époux.

La premiere prérogative fe trouve implicitement établie par une Ordonnance de Philippe Augufte , qu'on peut traduire en ces termes :

» Edit du mois de Juillet 1209 , » donné au Pont-de-l'Arche , touchant » les droits des maris & des femmes. » Quand une femme décédera *fans en-* »*fans* * , fes autres héritiers ne prendront rien dans les meubles ni dans » les conquêts ; ils pourront fimplement » prétendre ce qu'elle aura apporté en » mariage , & le mari jouira de tous les » effets communs , à l'exception des » chofes que fon époufe aura légitime- » ment léguées (9). »

_____

(9) Si mulier, *fine herede* * decefferit *parentes* ipfius mulieris non participabunt cum marito fuo , ex his quæ ipfa & maritus ejus fimul acquifierunt dum ipfa viveret in mobilibus , nec in tenementis ;

Les autres avantages font confignés dans l'Ordonnance de 1270 , connue fous le nom d'*établiſſemens de Saint Louis*.

On lit au quinzieme Chapitre :
» Gentil-fame ne met rien en l'aumô-
» ne * ſon Saignour, & ſi aura la moi-
» tié aux muebles, ſi elle veut, mais
» elle mettra la moitié ès dettes ; & ſi
» elle ne veut rien prendre ès muebles,
» elle ne mettra rien ès dettes , & de ce
» eſt-il à ſon choix. »

* Legs, c'eſt-à-dire que ſa part ne contribue point aux legs de ſon mari.

Suivant le Chapitre 136 , « Si un
» homme ou fame achetoient terres en-
» ſemble , cil qui plus vit, *ſi tient ſa*
» *vie les achats* , & quand ils feront

---

y mo quiete remanebunt marito ipſius mulieris , ſalvis rationalibus legatis ipſius mulieris ; parentibus vero mulieris id quod ipſa ſecum attulit in matrimonium accedit , ſalvo legato ſuo quod ipſa potuit facere per jus.

C 4.

» morts *ambedui* (10), fi retorneront
» li achat moitié au lignage devers
» l'homme, & l'autre moitié au lignage
» vers la fame. »

Tel étoit, en 1270, l'état de la communauté françoife. Une augmentation auffi confidérable en faveur des femmes avoit fes motifs. Lorfqu'elles n'apportoient à leurs maris qu'une légere portion de meubles, que les aliénations étoient rares, & que les bénéfices ne paffoient pas aux héritiers, le droit des femmes étoit fixé à la tierce partie des meubles. Mais quand les mœurs fe furent adoucies, que les filles furent, ou mieux dotées par leurs peres, ou admifes à leur fucceffion ; que les fiefs devinrent héréditaires & aliénables, & que les acquifitions furent plus fréquentes, la part des femmes reçut fes divers accroiffements.

―――――――――――――――

(10) Tous les deux.

Cette progreſſion ne ſe fit pas uniformément dans le Royaume. La Normandie, qui maintint mieux ſes premieres maximes, donna moins d'avantages aux femmes. Occupée de l'agrandiſſement des familles, elle fit toujours céder l'intérêt des ſœurs à celui des freres : toute ſucceſſion fut déférée aux mâles, & les peres purent marier leurs filles pour *un chapeau de roſes*. Il étoit donc juſte de n'accorder aux femmes que des droits proportionnés à leur mariage, c'eſt pourquoi elles n'eurent, en Coutume générale, qu'un tiers dans les meubles, & un ſimple uſufruit dans les conquêts.

Dans la ſuite les eſpeces & les effets mobiliaires s'étant augmentés, les filles furent mariées avec plus d'aiſance ; mais les peres ne voulurent pas que la totalité de ce qu'ils leur donnoient entrât dans la communauté, ils en réſerverent la meilleure partie pour la dot.

cė qui alloit au profit commun s'ap-
pelloit *don mobil* (11).

Cette dot étoit bien différente de
celle dont nous avons parlé. La premiere étoit une faveur du mari , qui eft
devenue un droit que nous appellons
douaire. La feconde étoit une portion
des meubles de la femme , dont elle fti-
puloit le remport, tant pour elle que
pour fes héritiers.

La confervation de cette nouvelle
dot produifit une autre prérogative.
On exigea que les maris , en la rece-
vant , la confignaffent fur leurs biens ;
c'eft-à-dire, la priffent en conftitution
de rente. Cette claufe avoit des conféquences bien intéreffantes. Quand elle
étoit employée dans un contrat, la
femme devenoit à cet égard créanciere
de fon mari , mais fa créance avoit un

---

(11) Don de meubles , parce qu'on ne
donnoit guere d'immeubles.

privilege ; c'eſt qu'elle ne ſe prenoit
que ſur la part des héritiers , & non ſur
la ſienne : deſorte que la femme qui
avoit apporté des meubles , en reprenoit une partie comme aſſociée , &
l'autre comme créanciere ; il arrivoit
même ſouvent que la portion mobiliaire
des héritiers du mari , n'étant pas aſſez
forte pour remplir la dot , la femme
prenoit le réſidu ſur les immeubles , &
quelquefois les abſorboit.

Lorſque le contrat ne contenoit point
cette clauſe de conſignation , la femme
reſtoit dans la claſſe des créanciers ordinaires ; ſa dot ſe prélevoit avant ſon
partage , & par ce moyen elle y con-
tribuoit.

Il ſeroit bien difficile de donner une
raiſon ſolide de cette différence. En
vain a-t-on dit que le mari, par la conſignation , étoit préſumé emprunter la
dot pour enrichir la communauté : d'où
il ſuivoit que la part de la femme de-

voit être exempte du paiement de cette
dot. C'est imaginer un prétexte peu
réfléchi. Sans examiner les motifs qui
ont fait admettre la consignation, con-
sidérons plutôt l'usage qu'on en a fait.
Au commencement les maris ne la
consentoient que pour avantager leurs
femmes, lorsqu'ils en recevoient eux-
mêmes un avantage ; conséquemment
on ne l'employoit dans le contrat que
comme une convention relative à quelqu'autre. Bientôt les esprits se fami-
liarisèrent avec la consignation, & elle
devint une pure clause de style. Quand
des contrats la continrent, quand d'autres ne la continrent pas, ce fût l'ouvrage des rédacteurs, & non celui des
contractans.

Nos Commentateurs n'en ont point
recherché la cause, mais tous ont dé-
saprouvé ses effets : ils n'ont pu se
persuader que l'emploi ou l'omission
d'un mot ne dussent en produire de si

confidérables ; auffi ont-ils cru que cette difpofition de notre Coutume n'étoit pas raifonnée, & qu'elle étoit dangereufe.

Pour moi je regarde la confignation comme un moyen arbitraire de favorifer les femmes. Si l'établiffement de ce droit n'a pas de principes raifonnables, qu'importe, puifqu'il dépend de la volonté des maris ?

Quand nos Commentateurs ont foutenu que notre Coutume avoit erré en l'adoptant, c'eft qu'ils ne l'ont confidéré que dans fes abus, & non dans fon origine. Chez nos peres la confignation étoit le réfultat d'une combinaifon d'intérêt, d'âge & de condition; chez nous c'eft un bénéfice que les maris accordent à leurs femmes fans y réfléchir.

Si les Rédacteurs de notre Coutume l'ont confervé, c'eft qu'ils n'en fentoient pas encore l'abus : au refte la

confignation eft un droit vólontaire,
Si donc elle eft dangereufe, elle peut
ceffer de l'être. Que les maris l'accordent avec difcernement; qu'ils la dif-
penfent avec économie ; qu'en contractant ils la regardent comme un objet
de difcuffion, & non comme une claufe
ordinaire ; qu'ils l'affimilent aux remports de la chambrée , aux bagues &
joyaux, & à tout autre rapport gratuit,
alors elle fera dans leurs mains un moyen
de contracter utilement & comme ils
voudront : toutefois elle paroît contraire à la loi qui défend de donner à
fa femme aucuns de fes immeubles.

Je reviens aux établiffements de S.
Louis. On y a vu que la femme furvi-
vante jouiffoit , par ufufruit , de tous
les *achats*. Cette difpofition fut admife
dans peu d'endroits, ou bien elle auroit ceffé de fubfifter dans beaucoup
d'autres. Quoiqu'il en foit , la Normandie nous en offre des traces. L'ufage

local de la Vicomté de Bayeux accorde
aux femmes l'ufufruit de tous les conquêts faits en franc-aleu.

D'ailleurs, en Normandie, le mari
jouit jufqu'à fa mort de la portion de
conquêts que la femme prémourante
tranfmet à fes héritiers, ce qui eft conforme aux établiffements de S. Louis.
(Voir l'art. 331.)

Après l'Ordonnance de S. Louis
nous pouvons confulter l'ancien Coutumier; cet ouvrage nous préfentera la
continuité d'une communauté en Normandie, & fa fituation pendant le trei-
zieme, le quatorzieme & le quinzieme
fiecle.

Si de cette époque nous paffons jufqu'à Terrien *, il nous offrira deux
Arrêts qui jugent que les époux Normands font communs : le premier eft du
12 Avril 1537, & voici fon hypothéfe.

Un particulier meurt, fa veuve renonce, & fes créanciers font décréter

* Page 327.

ſes conquêts. Les héritiers du mari veu-
lent en retirer la totalité ; ceux de la
femme prétendent clamer la part qu'elle
y auroit eue. La Cour décide en faveur
de ces derniers.

Les parens du mari diſoient « que
» la femme ne pouvoit rien prendre
» dans ces acquiſitions , ſi ce n'eſt
» *adeundo hereditatem mariti* ; que par
» conſéquent ſes droits ne commen-
» çoient que lors de la mort de ſon
» époux ; que ſi l'on alléguoit qu'elle
» n'étoit pas *héritiere* , *mais aſſociée* ,
» cela devenoit indifférent , puiſqu'elle
» ne pouvoit rien exiger qu'*après la*
» *ſociété finie :* d'où il réſultoit qu'en
» renonçant , elle ne tranſmettoit rien à
» ſes héritiers. »

Les parents de la veuve répondoient
» que ſon mari avoit acquis tant pour
» lui que pour elle ; que la ſuſpenſion
» de ſes droits , juſqu'à la mort de ſon
» époux, ne devoit pas les détruire ; que
» le

» le mari pouvoit difpofer de tous les
» conquêts, parce qu'il géroit les biens
» communs fous fon nom & fous celui
» de fon époufe, mais que cette admi-
» niftration n'anéantiffoit pas le droit
» acquis aux femmes dès l'inftant de
» l'achat. »

Il eft certain que cet Arrêt étoit mal
rendu, foit que l'on confidérât la femme comme héritiere ou comme affociée ; car, dans l'un ou l'autre cas,
la renonciation ôtoit à la veuve tout
ce qu'elle avoit eu dans les conquêts, & tout ce qu'elle pouvoit y prétendre.

Cependant ce n'eft pas fa régularité
qui nous intéreffe, ce font fimplement
les principes qui l'ont déterminé. Or il
falloit que la Cour fût bien pénétrée
d'une Communauté Normande ; puifqu'elle lui a même donné une étendue
qu'elle ne devoit pas avoir. J'en con-
cluerai donc néceffairement qu'elle te-

D

n'oit alors pour maxime que les conjoints étoient communs.

Il eſt évident qu'elle ſuivoit les mêmes principes lorſqu'elle rendit le ſecond Arrêt de Terrien le 22 Août 1572. Il s'agiſſoit de ſavoir ſi le nommé Benſe avoit pu confiſquer la part de ſa femme dans ſes meubles & conquêts. Terrien * (combattu par Dumoulin) avoit écrit l'affirmative. M. le Procureur Général , plaidant contre la veuve Benſe , avoit adopté le même ſentiment. Leurs raiſons de décider n'étoient pas fondées ſur ſa qualité d'héritiere , ils s'appuyoient uniquement ſur le pouvoir donné au mari de vendre & d'hypothéquer arbitrairement ſes meubles & ſes conquêts.

* Page 514.

La veuve Benſe ſoutenoit que la faculté de vendre n'emportoit pas celle de confiſquer. L'aliénation eſt préſumée faite pour l'intérêt des conjoints , la confiſcation ne peut concerner que

le mari. Comment ce droit odieux s'exerceroit-il fur la part de la femme ?
Elle eſt en ſociété avec ſon époux , &
l'on fait que le crime d'un aſſocié ne
doit pas nuire aux autres.

La Cour prononça en faveur de la
veuve Benſe , & Daviron a remarqué
que l'article 333 (12) de notre Coutume étoit pris de cet Arrêt.

La veuve Benſe ſe fondoit ſur ſa
qualité de femme commune ; M. le
Procureur-Général ne la lui conteſtoit
point ; elle étoit donc réputée vraie :
d'ailleurs , ſi ce titre n'avoit pas été
certain , s'il n'avoit pas ſervi de fondement à l'Arrêt , la Cour auroit jugé

---

(12) Avenant que le mari confiſque ,
la femme ne laiſſe pas d'avoir ſa part aux
meubles & conquêts , telle que la Coutume lui donne , comme ſi le mari n'avoit
confiſqué.

D 2

fáns principes. Or il faut croire qu'elle ne s'eſt pas groſſiérement trompée, & qu'elle admettoit donc une communauté en Normandie.

Depuis cet Arrêt, juſqu'à la réformation de notre Coutume, il n'y a qu'un eſpace de onze années. Se pourroit-il que pendant cet intervalle la ſucceſſion des maris eût ſuccédé à la communauté Normande ? Ce nouveau plan de légiſlation n'auroit pu s'introduire ſans déranger toute l'économie de la Juriſprudence actuelle. C'eſt une révolution frappante que d'autres révolutions devroient avoir préparée. Cependant nous ne voyons rien qui nous l'indique, & tout dépoſe contre cette ſuppoſition.

1.º La ſociété eſt l'état le plus naturel des conjoints ; leurs intérêts réunis ſont toujours mieux conſervés, & leur union en devient plus ſincere & plus vive.

2°. En 1583 * cette société con- *Tems de la réfor- mation de notre Coutume
jugale subsistoit au moins depuis dix
siecles en Normandie ; ses habitants
devoient donc y être accoutumés.
D'un autre côté cette partie de notre législation avoit nécessairement
des rapports avec les autres , & l'on
ne pouvoit la détruire sans les changer.

3°. Les femmes doivent être en société avec leurs époux , ou séparées
d'avec eux, la succession ne leur convient point. Si l'ancien droit Romain
l'admit, le nouveau l'abrogea. La France ne l'a point connue ; aucun peuple
ne l'a peut-être adoptée. Ce seroit donc
une innovation contraire au bonheur
des conjoints , & toute particuliere à la
Normandie.

Mais ; puisque rien ne prouve ce
changement difficile & dangereux, dénué de présomptions & de vraisem-
blance , il est clair qu'il n'a pas existé;

Si donc rien ne préfente le type de
cette fuppofition pendant l'efpace de
ces onze années, cherchons-le maintenant dans la nouvelle Coutume. La
lecture de ce grand ouvrage offre d'a-
bord une difpofition qui furprend,
c'eft l'article 389. Sur quoi donc nos
Réformateurs fe font-ils fondés pour
déclarer qu'en Normandie les conjoints
n'étoient pas communs ? La Loi générale du Royaume, la Tradition conf-
tante de la Province, le défaut de rapports & d'intérêts, tout rejettoit cette
décifion.

Mais avant de reprocher aux fages
Réformateurs de notre Coutume l'in-
troduction d'un droit abfolument étranger à tout autre, il faut examiner fi cela
eft conftant.

» Les perfonnes conjoints par ma-
» riage ne font communs en biens,
» foient meubles ou conquêts immeu-
» bles; ains les femmes n'y ont rien

» qu'après la mort du mari. » Voilà
l'article 389.

Je crois que cela veut dire : « Les
» conjoints ne font point communs en
» biens, car ou *parce que, ou puifque*
» *les femmes n'ont rien aux meubles &*
» *aux conquêts pendant la vie du mari.*»

Si cette explication eft exacte, l'art.
389 rejette la communauté fur un mo-
tif peu réfléchi. En effet, dans tous les
pays qui l'admettent, le mari eft le
maître des biens communs.

Ce droit marital prend fa fource dans
la foibleffe des femmes, & dans l'adminiftration que la nature & les loix
civiles accordent à leurs époux.

Conféquemment fi tous les pays de
communauté l'ont reçu & le maintien-
nent, & fi l'on ne peut le détruire fans
bleffer l'autorité des maris, il eft évident
que notre Coutume n'a pu, fur ce prétexte, rejetter la communauté de biens.

Mais cette prohibition n'eft qu'ap-

parente. L'article 389 est essentielle-
ment semblable aux articles 220 &
225 de la Coutume de Paris.

L'article 220 porte : « Homme &
» femme conjoints ensemble par ma-
» riage, sont communs en biens-meu-
» bles & conquêts immeubles faits du-
» rant & constant ledit mariage. »

Suivant l'article 225 « le mari est
» le Seigneur des meubles & conquêts
» immeubles par lui faits durant & cons-
» tant le mariage, de lui & de sa fem-
» me, en telle maniere qu'il peut les
» vendre, aliéner ou hypothéquer, &
» en faire & disposer, par donation ou
» autre disposition faite entre vifs, à
» son plaisir & volonté, sans le consen-
» tement de sadite femme, à personne
» capable & sans fraude. »

La Coutume de Paris pose une regle générale dans l'article 220, en
déclarant que les conjoints sont communs,

Ensuite

Enfuite l'article 225 y met une exception, en difant que le mari eft le maître des effets de la fociété.

Notre Coutume a renfermé ces deux difpofitions dans l'article 389. Cet article fignifie que les conjoints ne font point communs tant que le mari eft vivant, c'eft-à-dire, que la femme ne peut exercer fes droits de commune qu'après la mort de fon mari. Or dire en Normandie que les femmes n'ont rien pendant le mariage, & foutenir qu'à Paris les conjoints font communs, mais que les maris font maîtres des effets de la communauté, c'eft exprimer les mêmes idées en termes différents, c'eft affûrer que dans chaque Province l'exercice du droit des femmes ne commence qu'à la mort de leurs époux.

Si notre article 389 ne contenoit que cette premiere partie, « les conjoints ne font communs en meubles

E

» ni conquêts , » il seroit purement
prohibitif ; mais cette autre partie,
» ains les femmes n'y ont rien qu'après
» la mort du mari , » fait entendre que
la prohibition n'a lieu que pendant le
mariage : d'où il suit qu'en cela la
Coutume est conforme à toutes les autres , & qu'elle ne peut , sur ce fondement , rejetter la communauté de biens.

Ainsi notre article 389 n'est pas
prohibitif d'une communauté : nous
pouvons en dire autant de l'article 239
de la Coutume de Rheims. Cet article porte :

» Homme & femme, conjoints par
» mariage , ne sont uns & communs
» en biens - meubles & conquêts im-
» meubles faits durant & constant le
» mariage ; ains le mari seul , sans l'a-
» vis & le consentement de sa femme ,
» en peut disposer comme & à qui bon
» lui semblera. »

Le mari peut disposer des meubles

& conquêts dans tous les pays de communauté. Pourquoi cette liberté feroit-elle un principe d'exclufion en Normandie & à Rheims (13), & n'interdiroit-elle pas la communauté à Paris & dans les autres lieux ? Si l'on ne peut expliquer cette différence, il faut avouer que les Coutumes de Normandie & de Rheims ont une entiere fimilitude avec les autres.

Je crois devoir combattre un préjugé fpécieux. Beaucoup de perfonnes s'imaginent que nous n'avons point de communauté, parce que les femmes n'ont pas autant de droits fur les effets communs que leurs époux ; mais la fociété conjugale, comme toute autre affociation, n'exige rien d'unifor-

---

(13) Buridam, Commentateur de la Coutume de Rheims, dit que les femmes prennent les meubles & conquêts à titre de communes.

E 2

me dans la part de chaque affocié; les portions doivent être proportionnées aux biens, à l'induftrie & aux travaux de chacun : d'où il fuit qu'elles peuvent être différentes, fans détruire le titre en vertu duquel on les prétend. Par cette raifon le mari qui donne ou doit donner à la fociété des foins plus précieux & plus affidus, peut avoir une autorité & des droits plus confidérables que fon époufe, fans qu'ils ceffent d'être en communauté.

Si les conjoints ne pouvoient être communs qu'avec des avantages égaux, il faudroit détruire la communauté françoife; car la prérogative des maris exclut toute efpece d'égalité.

Les héritiers d'une Parifienne peuvent demander la moitié des biens communs; ceux d'une Normande ne pourroient former cette prétention que fur les biens de Bourgage & de certaines Coutumes locales : cependant

elles peuvent avoir le même titre, &
des avantages différents.

Si les femmes font moins favorifées dans les Coutumes de Rheims &
de Normandie, c'eft que cette ville,
où l'on a prefque facré tous nos Rois,
n'a jamais été démembrée de la Couronne, & que la Normandie, paifible
fous fes Ducs, a depuis été réunie au
Domaine ; ce qui fait qu'elles ont moins
fenti les abus de la révolte, & plus fai-
nement gardé le droit primitif.

Les Coutumes de France ont dit
que le droit des femmes étoit fufpendu
pendant le mariage : celle de Normandie a déclaré que les femmes ne
pouvoient rien prétendre qu'après la
mort du mari. Voilà deux difpofitions
que l'adreffe du fophifme ne rendra jamais diffemblables.

Ce n'eft point affez d'établir que
notre Coutume n'eft pas plus prohi-
bitive que les autres, il faut encore

E 3

prouver que le droit Normand & le droit François confiderent les femmes fous les mêmes rapports.

En effet, chez nous, comme dans les pays de communauté, le mari eft fufceptible des dettes de celle qu'il époufe, s'il n'a fait inventaire des effets qu'elle lui apporte. Les femmes y peuvent également ftipuler une féparaation par leur contrat, ou la requérir pendant le mariage. Le défaut de féparation met les unes & les autres fous l'adminiftration du mari.

Si la femme commune, en prédécédant, tranfmet à fes héritiers la faculté de partager les biens de la fociété, la Normande tranfmet aux fiens le droit de partager les conquêts de Bourgage, du Bailliage de Gifors & autres lieux; fi, après la mort du mari, la premiere prend la moitié des biens communs, la feconde a fouvent le même avantage. D'ailleurs, les femmes de

Normandie ont , comme les autres ; une part dans les meubles & conquêts, nonobſtant que le mari ait confiſqué ou teſté ; toutes ſont obligées de faire inventaire & de renoncer dans certains délais ; en un mot, elles ſe préſentent *ſous les mêmes rapports* , & elles ne différent que dans la quotité de leurs prérogatives.

Si les femmes Normandes ont une entiere ſimilitude avec les femmes des pays de communauté , elles ne peuvent être héritieres de leurs maris : ce ſont deux choſes incompatibles, nous allons le démontrer.

1°. Le mari eſt ſuſceptible des dettes de ſa femme , s'il n'a pas fait dreſſer un état des meubles qu'elle avoit en ſe mariant ; c'eſt donc parce qu'ils ſont en communauté dès l'inſtant du mariage , & que le mari eſt l'adminiſtrateur ou le maître du bien co mmun.

2°. Les femmes peuvent ſtipuler

E 4

en fe mariant , ou requérir dans la
fuite une féparation de biens. Or cette
divifion fuppofe une affociation pri-
mitive. D'un autre côté , les effets de
cette féparation écartent toute idée
d'un titre héréditaire ; car fi la femme
héritoit de fon mari , cela devroit avoir
lieu, indépendamment de leur féparation. Cependant la femme *féparée* n'a
rien fur les meubles & conquêts de fon
mari ; c'eft donc parce qu'alors leur
communauté eft diffolue.

3°. A quel titre les femmes qui
prédécédent leurs maris tranfmettent-
elles à leurs héritiers la moitié des conquêts de Bourgage & autres lieux ?
Si c'eft comme affociées de leurs
époux , cela fe conçoit ; fi c'eft comme
leurs héritieres , cela eft inconcevable ,
puifqu'elles ne peuvent pas hériter de
leurs maris avant qu'ils foient morts.

4°. Plufieurs articles de notre Coutume, des Placités & des Ufages lon-

caux, fuppofent une communauté. On
y trouve ces expreffions : *La femme
prenant part* *, ... *la part des
conquêts ayant appartenu à la femme* * *, ... *la part que la femme
a eue en propriété aux conquêts* * * *, ...
& d'autres termes fimiliaires.

*Cout.
art. 365.

** 332.

*** 331.
Voir le
Régl. de
1666, art.
65, 81, 84,
& lesUfa-
ges lo-
caux.

5°. On peut convenir que la femme
n'aura rien dans les meubles & conquêts ; c'eft une claufe licite de la fociété conjugale, que d'autres combi-
naifons peuvent déterminer : mais fi
la femme étoit héritiere , on difpofe-
roit d'une fucceffion à écheoir, &
cela feroit contre les régles.

6°. Si la femme eft héritiere , fa
portion de conquêts doit être un propre dans fa fucceffion ; fi elle eft commune, ce doit être un acquêt. Or nous
tenons pour maxime que ce n'eft pas
un propre. Nous difons la même chofe
lorfque la femme , en prédécédant ,
tranfmet cette portion à fes héritiers ;

tout le monde fait qu'elle appartient à ceux qui partagent fes acquêts. Il eft donc évident que la femme Normande eft l'affociée de fon époux, qu'elle en prend & qu'elle en tranfmet les avantages.

7°. Quand le mari n'a pas d'héritiers, la part de fon époufe n'augmente point, c'eft donc parce qu'elle n'eft que fon affociée; car il femble que fi elle étoit héritiere, elle devroit prendre, dans ce cas, tous les meubles & conquêts de fon mari, ainfi que l'auroit fait un feul héritier.

8°. Les héritiers aux meubles & aux acquêts font chargés du remplacement des propres aliénés par le mari, foit avant ou pendant fes différents mariages; la femme au contraire n'eft fufceptible que des aliénations faites pendant le fien : fi elle eft réputée commune, cette différence eft explicable; en cette qualité elle ne doit répondre

des propres qu'autant qu'ils auront
amélioré le bien commun ; mais fi elle
eft héritiere, pourquoi ne remplace-
roit-elle pas, comme fes femblables,
l'intégrité des propres vendus ?

9°. Si les févices du mari occafion-
nent une féparation, la femme peut
être admife au partage des meubles
& conquêts ; c'eft évidemment parce
que la fociété des époux & l'adminiftration du mari ceffent d'avoir lieu.

10°. Les frais funéraires (14) n'af-
fectent point la part des affociés du
mort, c'eft pourquoi la femme Normande ne contribue pas aux funérailles de fon mari.

11°. Les legs d'un affocié doivent
fe prendre uniquement fur ce qui lui
revient ; c'eft encore par cette raifon

_____

(14) Plufieurs Coutumes locales ont
des exceptions, mais à d'autres égards
elles favorifent les femmes.

que la femme en Normandie est exempte de ceux faits par son époux.

12°. » Avenant que le mari confisque, la femme ne laisse pas d'avoir » sa part aux meubles & aux conquêts, » telle que la Coutume lui donne, » comme si le mari n'avoit confisqué *.

* Art. 533.

1°. Cette disposition ne compatit pas avec le titre d'héritiere, parce que la confiscation anéantit le droit des héritiers.

20. Elle est adoptée par toutes les Coutumes, & de là on peut induire que nos femmes sont en communauté.

3°. Elle émane de l'Arrêt de Bense; & cet Arrêt a pour base ce principe de Dumoulin : « Injustum est ut mu- » lier perdat mediam partem mobi- » lium & conquestuum quam *extraneus* » *socius* non perderet. »

13°. Pourquoi appelle-t-on *conquêts* les immeubles que les femmes partagent ? N'est-ce point parce que tes biens font réputés conjointement acquis, & conféquemment communs?

14ᵛ. Notre Coutume impofe à la femme l'obligation de renoncer dans un certain tems ; fi la femme eft héri- tiere, cette charge eft injufte, puif- qu'il fuffit aux héritiers de s'abftenir ; fi elle eft commune, cette obligation eft raifonnée : car la femme étant en com- munauté de biens avec fon mari, elle eft foumife à l'action des créanciers de ce dernier, tant qu'elle ne renonce pas. Cette affertion eft fi vraie, que lorfque le pacte focial eft diffolu par la fépa- ration de biens, l'article 81 des Placi- tés n'exige point de renonciation.

15°. Lors de la réformation de no- tre Coutume, la Communauté étoit admife en cette Province ; conféquem- ment fi l'article 389 la prohiboit pour la premiere fois, nos Commentateurs auroient dû le mettre pour Coutume nouvelle : ceci n'étant point, la fem-

me n'eſt donc pas héritiere, la communauté n'eſt donc pas prohibée.

Ceux qui voudront faire de plus
grandes recherches, verront que les
diſpoſitions de notre droit Normand
feroient ſans principes, ſi les femmes
n'étoient pas en communauté.

Si l'on dit que la femme eſt une héritiere d'une eſpece unique, & que la
Coutume a pu vouloir qu'elle prit à
ce titre les mêmes droits que les femmes communes, c'eſt avouer qu'on
manque de raiſons. 1º. La Coutume
n'a pu vouloir, ſans prétexte, dénatu-
rer les notions les plus ſimples du
droit civil. 2º. Elle n'a point dit ce
qu'on ſuppoſe ſans preuve. 3º. Quand
les Réformateurs auroient écrit que les
femmes étoient héritieres, ce ſeroit
une erreur qu'il ne faudroit pas imiter.

Au reſte, tous les articles de la Coutume & des Réglements qui paroiſſent
qualifier la femme d'héritiere, la ſup-

poſent commune (15). Il n'eſt guere
poſſible d'indiquer le type de cette
fauſſe dénomination ; on peut croire
cependant que la prohibition appa-
rente d'une communauté , & la con-
currence ordinaire des femmes avec
les héritiers de leurs maris , en ſont la
principale cauſe.

Nos Commentateurs , qui croyoient
que la ſociété des conjoints étoit prohibée parmi nous , & qui voyoient les
femmes jouir des effets qu'elle auroit
dû produire , ont raiſonné ſur cette
matiere avec peu d'exactitude.

Bérault dit , ſous l'art. 329 : « Qu'on
» pourroit douter à quel titre la fem-
» me prend part aux conquêts faits par
» ſon mari , ſi c'eſt à droit de ſociété
» ou à droit de ſucceſſion ; que ce ſe-

(15) Nombre de diſpoſitions de la Coutume de Rheims conſidérent auſſi la femme comme commune.

» roit à droit de fociété, on le pour-
» roit inférer de l'article 331, en ces
» mots ; *A eue en propriété*, & de l'art.
» 322, en ces mots : *Ayant appartenu*
» *en propriété* , & d'un Arrêt donné
» entre Bouchard & Duval, rapporté
» par Terrien (16), par lequel auroit
» été jugé que la renonciation faite
» par la femme à la fucceffion de fon
» mari, n'empêche que les parents d'i-
» celle ne fe puiffe clamer au décret
» qui fe fera des conquêts après la mort
» de fon mari pour les dettes d'icelui,
» qui feroit conclurre que fi-tôt que le
» mari auroit fait iceux conquêts, *do-*
» *minium eorum pro parte tranfierit ad*
» *uxorem* , & qu'elle y auroit eu dès-
» lors quelque droit radical ou héré-
» dital. Que ce foit à droit de fuccef-
» fion, le ftyle de procéder de Nor-
» mandie

---

(16) C'eft le premier Arrêt ci-deffus.

» mandie porte que la femme, après le
» décès de son mari, prend partie *hé-*
» *réditale* (17) aux conquêts faits du-
» rant le mariage, qui seroit la tenir
» pour héritiere. On le peut encore
» inférer de cet article 329, en ces
» mots : *Après la mort du mari, & de ce*
» *que ledit mari peut lesdits conquêts*
» *disposer librement du vivant de sa*
» *femme, &c. . . . .* (Cependant d'un
» autre côté) la femme prenant part
» auxdits conquêts, à droit de succes-
» sion, iceux conquêts seroient faits
» propres en sa personne, pour par elle
» les transmettre à ses héritiers aux
» propres, & néanmoins ils vont tou-
» jours à ses héritiers aux acquêts. Il
» faut donc dire que *combien que ré-*

---

(17) Ce ne sont point les termes d'une
Loi qu'il faut considérer, mais son esprit.
En vain la Coutume auroit-elle dit que la
Femme est héritiere, si elle ne l'est pas.

E

» guliérement en Normandie il n'y ait
» fociété entre le mari & la femme,
» la Coutume néanmoins en induit ici
» quelqu'efpece fous certaines limita-
» tions, cependant, comme par un bé-
» néfice de la loi, & ancien établiffe-
» ment. »

Godefroy, agitant la même queftion fous cet article 329, dit : « Que
» c'eft une grande controverfe fi la
» femme prend part auxdits conquêts à
» droit fucceffif, ou comme lui étant
» acquis par la difpofition de la Cou-
» tume. Pour la femme, on dit que fi
» elle meurt premier que le mari, elle
» tranfmet fa part defdits conquêts à
» fes héritiers, ce qu'elle ne feroit pas
» fi elle n'avoit part en iceux qu'à
» droit fucceffif, vu que fon mari vi-
» vant, elle ne peut fe dire fon héri-
» tiere. Pour les héritiers du mari,
» on dit qu'il peut vendre & aliéner
» lefdits conquêts de fon vivant, invita

» *uxore* (18), voir durant la maladie
» dont elle eſt décédée, ce qu'il pour-
» roit faire ſi elle avoit acquis droit
» en iceux du jour qu'ils ſont faits
» & d'ailleurs cet article (329) étant
» couché ſous le chapitre de la ſuccef-
» ſion (19) aux meubles & conquêts,
» il s'enſuit qu'elle ne peut prendre
» part en iceux ſans titre & qualité
» d'héritiere, & s'aſſujettir, par ce
» moyen, aux dettes de la ſucceſſion
» car les meubles & conquêts vont d'un
» même pas, joint qu'en Normandie
» il n'y a point de communauté entre
» l'homme & la femme. Sur ce con-
» traſte j'ai toujours cru que la femme

———————————————————

(18) C'eſt le droit uniforme de tous les
pays de communauté.

(19) Cette raiſon eſt futile. Les articles
392, 393 & 394, qui réglent auſſi les
droits des femmes, ſont placés ſous le
titre du douaire.

» ne peut prendre part aux conquêts ,
» fans fe rendre prenable des dettes &
» hypothéques. »

Ainfi donc Bérault décide, malgré
fes préventions , qu'il y a *une efpece*
de communauté en Normandie fondée
fur *un ancien établiffement*. Godefroy
réfoud la difficulté d'une maniere à
faire croire qu'il ne l'entendoit pas.
En effet , après avoir balancé les différents moyens, il finit par dire *que fur*
ce contrafte il a toujours penfé que la
femme ne pouvoit partager les conquêts
fans contribuer aux dettes ; mais c'eft
donner ou prendre le change. Il s'agit
de favoir fi la femme eft héritiere ou
commune , & non pas fi elle doit contribuer aux dettes , parce que dans
l'un ou l'autre cas , elle ne peut s'exemp-
ter de cette contribution , lorfqu'elle
partage.

Bérault & Godefroy réfutent la communauté Normande fur un principe

peu réfléchi. Ils disent que la femme
n'est point commune, parce qu'elle ne
peut rien prétendre aux meubles & conquêts pendant la vie de son époux. Si
ce principe étoit de décision, toutes les
femmes communes cesseroient de l'être ;
car leurs maris ont seuls la disposition
du bien social.

Basnage n'est pas plus conséquent ;
puisqu'il rejette la communauté sur le
même principe ; ses variations, d'ailleurs, ne supposent pas des connois-
sances bien précises à ce sujet. Il dit
sous un article, que *notre Coutume exclut toute espece de communauté ;* sous
un autre, qu'*elle admet une communauté qui pourtant n'en est pas une.* Là
le droit de la femme dans les conquêts
équipole à une communauté ; ici ce droit
ne lui est accordé *que par équité & par
faveur ;* ailleurs c'est purement *à titre
d'héritiere :* ainsi tout se plie au gré de
ce savant Jurisconsulte.

Quant à Penele , il foutient , fous l'article 329 , que la femme partage les meubles & les conquêts en qualité de commune. Voici fes termes :

» Le droit de conquêt eft attribué à » la femme en conféquence de la *fociété* » *conjugale* , qui eft établie par le ma- » riage , & qui fait préfumer que la fem- » me a contribué par fes foins , par fon » affiftance & par fon économie à l'aug- » mentation des biens du mari ; car fi » la Coutume rejette la communauté » entre le mari & la femme , ce n'eft » *que par rapport aux effets que cette* » *communauté produit dans la plûpart* » *du pays coutumier* , dans lequel la » femme tranfmet à fes héritiers le droit » de partager par moitié , avec le mari » furvivant , tous les meubles & con- » quêts dont il étoit le maître pendant » le mariage , ce qui n'eft pas reçu en » Normandie. »

Le raifonnement de Penele fe réduit

à cette proposition : Les femmes prennent , en qualité de communes , ce que
la Coutume leur accorde ; mais cette
qualité ne leur fert point pour demander tout ce que les autres Coutumes
défèrent aux femmes.

Nos principes fur la communauté
font bien fimples. L'article 389 fuf-
pend la communauté pendant la vie du
mari ; mais après fa mort elle permet
aux femmes de l'exercer , conformément à l'article 329 , &c.

Dans les autres Coutumes la communauté eft également fufpendue, l'e-
xercice feul en eft différemment déterminé.

. Mais cette différence dans la quotité
de leurs avantages eft indépendante du
titre qui les donne. On peut prendre
des parts inégales dans une fociété comme dans une fucceffion , fans ceffer d'ê-
tre , foit affocié , foit héritier.

Ainfi donc en Normandie les con-

joints font communs en meubles &
conquêts immeubles ; c'eft ce que nous
voulions établir.

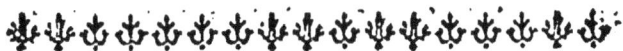

✿✿✿✿✿✿✿✿✿✿✿✿✿✿✿✿

TROISIEME DIVISION.

L'ANCIEN droit Normand admettoit la Communauté comme
toutes les Coutumes de France. La
nôtre n'a pas introduit à cet égard de
nouvelles maximes ; elle ne déclare
dans aucun article que la femme foit
héritiere. L'article 394 porte, il eft
vrai, que la femme peut *renoncer à la
fucceffion de fon mari*, mais ce terme
fucceffion n'eft mis que pour exprimer
la maffe des biens, & non pour déterminer la qualité de la femme ; en tout
cas cette dénomination inexacte ne
pourroit pas légitimer un titre démenti
par tant de difpofitions contraires.

Le Réglement de 1666 donne ex-
preffément à la femme la qualité d'héritiere.

ritiere. Il eſt certain que cette expreſſion ne peut changer l'eſprit de la Coutume : d'où je conclus qu'elle ne peut
détruire les principes que j'ai poſés.

Nos meilleurs Juriſconſultes avouent
que la femme n'eſt pas héritiere , mais
ils ſoutiennent en même-tems qu'elle
n'eſt pas en communauté. Voici leurs
objections , & voici mes réponſes.

OBJECTION.

En Normandie le mari eſt l'adminiſtrateur de tous les biens de ſa femme , & cette derniere prend , dans ſa
ſucceſſion , les droits qui lui ſont accordés par la Coutume.

RÉPONSE.

Si la femme n'a pas ces droits comme héritiere ou comme aſſociée , à
quel titre donc les prend-elle ?

OBJECTION.

Ce ſont purement *des droits de mariage* ; la femme prend les meubles &

G

les conquêts, de même que le douaire.
Cette prérogative est semblable à celle
du droit de viduité, &c. (20).

RÉPONSE.

1°. Qu'entend-on par un droit de
mariage ? Si c'est un avantage que les
femmes acquiérent en se mariant, ce
n'est rien dire, car la communauté est
une conséquence du mariage : d'où il
résulte qu'elle peut être ce droit même.

2°. Qu'on donne aux droits des
femmes, sur les meubles & conquêts,
tel nom que l'on voudra, il sera toujours certain que ces droits sont semblables à ceux des femmes communes, qu'ils se décident par les principes de la communauté, & que con-

---

(20) Les maris qui ont eu de leur femme
un enfant né vif, jouissent par usufruit de
tous les biens de la mere : cette jouissance
s'appelle droit de viduité. Voir les articles
331, 382, 383 & 384.

féquemment la Communauté Normande eſt appellée droit de mariage ou
droit quelconque.

3°. Le droit des femmes ſur les meubles & conquêts n'eſt point ſemblable
au douaire ni au droit de viduité, Les
femmes prennent le douaire , & les
maris jouiſſent du droit de viduité,
bien qu'ils ſoient ſéparés de biens. Il
n'en eſt pas ainſi des meubles & des
conquêts ; les femmes ne les partagent
point lorſqu'elles adminiſtrent ſéparé-
ment leur fortune , & qu'elles ne travaillent pas au profit commun : c'eſt
donc ſeulement lorſqu'elles ſont en ſociété qu'elles prennent part dans les
meubles & conquêts, d'où il réſulte
que c'eſt à droit de communauté,

4°. Dans la France coutumiere les
époux ſont communs ſans ſtipulation ;
dans les pays de droit écrit les époux
ſont ſéparés, ſi le contraire n'eſt con-
venu, Voici les ſuites de cette diffé-

rence. Chez les premiers les femmes
partagent les meubles & les conquêts;
chez les autres elles n'y peuvent rien
prétendre. L'esprit général des loix du
Royaume est donc d'accorder les meubles & les conquêts aux femmes en qualité de communes. Pourquoi les pren-
droient-elles en Normandie sous un
autre titre ? N'est-ce pas en tous lieux
le même principe & les mêmes effets?

5°. Si l'on vouloit établir la communauté entre les époux Normands,
il suffiroit de les déclarer communs,
sans changer aucune disposition de notre Coutume. Si cette proposition est
démontrée, il faut conclure que la
communauté est établie parmi nous,
& qu'elle n'est prohibée qu'en appa-
rence. Or nous avons vu plus haut que
l'art. 389 n'étoit nullement prohibitif.

6°. Nos bons Jurisconsultes consi-
dérent cet article comme prohibant la
communauté ; d'autre part ils sentent

bien que la femme n'eft pas l'héritiere de fon mari ; d'après cela ils raifonnent de cette maniere : Si les meubles & conquêts ne font pas délivrés aux femmes comme affociées ou comme héritieres de leurs époux , c'eft donc en conféquence de leur mariage.

Mais , premiérement , où voit-on que la communauté foit prohibée parmi nous ? L'article 389 n'eft-il pas femblable aux décifions des autres Coutumes ? Toutes les difpofitions de la nôtre ne préfentent-elles pas une communauté ? La confufion des biens & le travail commun n'en font-ils pas le principe en Normandie comme ailleurs ? Le partage des meubles & des conquêts n'en eft-il pas l'effet uniforme dans toute la France ? Point d'affociation , point de part dans les meubles & conquêts , voilà la regle générale.

Secondement, il ne faut pas fe contenter de cette expreſſion ; *droit de mariage* , car c'eſt le terme générique de tous les droits des femmes Normandes ; mais leurs prérogatives offrent des différences diſtinctives. Le privilege de la dot & le remport de la chambrée ont beſoin de ſtipulation ; le douaire , le paraphernal & le partage des meubles & conquêts ſont dus aux femmes , en vertu de la Coutume, par le ſeul acte du mariage. Tous ces droits , à l'exception des deux derniers , ſont accordés aux femmes , bien qu'elles ſoient ſéparés d'avec leurs maris ; pour le paraphernal , il appartient à la femme qui renonce , & qui n'a pas ſtipulé de remports ſimilaires. Quant aux meubles & conquêts , le mariage fournit bien l'occaſion de les prétendre ; mais il ne ſuffit pas aux femmes, il faut qu'elles confondent leur fortuné entiere avec celle de leurs maris , & que les deux époux travaillent en commun : s'ils font unis lors de la mort du mari, la femme peut reprendre fes avances, renoncer au bien focial, ou le partager ; c'eft donc parce qu'elle eft en fociété de biens qu'elle partage le produit de la fociété : or c'eft par la même raifon que les femmes des pays de communauté jouiffent de leurs priviléges.

Qu'on appelle le droit de ces femmes *droit de mariage*, il ne fera pas moins la conféquence d'une union de fortunes & de travaux ; fi le nom eft arbitraire, la caufe eft toujours la même : en tous lieux, c'eft l'affociation qui fonde le droit des femmes.

OBJECTION.

Le droit des femmes Normandes, fur les meubles & conquêts, eft une récompenfe, & non le partage d'une fociété ; c'eft une grace que la Loi leur accorde en faveur de leur travail

G 4

& de leur économie ; c'est le paiement
des soins d'un honnête domestique &
l'intérêt de sa fortune.

Réponse.

Je l'ai prouvé déjà. Le contrat de
société est susceptible de toutes sortes
de modifications licites. Des associés
peuvent ne fournir que des fonds,
d'autres que leur industrie, les portions de gains & de pertes peuvent être
inégales, & cependant proportionnées :
tout est subordonné à des conventions.

La société maritale suit les mêmes
regles. Le bien du ménage demandoit
un administrateur ; le droit naturel in-
diquoit le mari , & le droit civil l'a
nommé.

Le privilége d'administrer le bien
social n'entraînoit pas nécessairement
son aliénation arbitraire : nos Loix civiles ont pourtant permis aux maris
d'en disposer arbitrairement.

Cette conceſſion ne bleſſe point les principes de la ſociété, elle en eſt ſeulement une modification utile.

La meilleure preuve qu'on puiſſe en donner, c'eſt que par-tout où les femmes ſont en ſociété de biens, leurs époux en ont la diſpoſition.

D'après cela on ne peut donc conſidérer cette légiſlation comme particuliere à la Normandie. Il demeure conſtant que le pouvoir du mari n'eſt pas deſtructif d'une communauté.

Si cela eſt, pourquoi regarder comme une ſimple récompenſe le partage des femmes Normandes ? Ne ſont-elles pas dans la claſſe uniforme des femmes communes ? Si les premieres ne reçoivent que la récompenſe de leurs ſoins, par quelle raiſon les autres prendront-elles leurs droits, comme étant le partage d'une ſociété ? Ne ſont-ce pas que c'eſt vouloir changer ſans motifs le nom naturel des choſes ? Quaſi l'on peut qualifier de récompenſe le droit des femmes en Normandie, on pourra le faire pour toutes les femmes des pays de communauté ; que ſi au contraire toutes les Coutumes ſe réuniſſent pour écarter cette dénomination, il faut avouer qu'elle n'eſt pas admiſſible en Normandie. En effet la ſociété s'y forme & s'y détruit de la même maniere ; la confuſion de biens & le travail réciproque produiſent en tous lieux le partage des objets communs. En vain diroit-on que ce partage n'eſt pas le même en Normandie ; premiérement, il eſt aſſez ſouvent ſemblable ; en ſecond lieu, ce n'eſt pas là quotité du partage qu'il faut examiner, mais bien le droit quelconque de partager le bien ſocial.

Deux hommes forment une ſociété ; l'on convient qu'un d'eux conduira tout, & diſpoſera de tout volontairement ; que l'autre ne pourra rien

prendre dans le fond focial qu'après
un certain temps déterminé ; que par
cette raifon il ne rifquera que fon induftrie & fes premieres avances , &
que les pertes qui excéderont le bien
commun feront portées par l'adminiftrateur feulement : c'eft le tableau de
la communauté françoife.

Lorfque le fond focial fe partagera,
dira-t-on que l'affocié fecondaire n'é-
toit qu'un honnête domeftique ? que
fon droit n'eft qu'une récompenfe ? Il
eft vrai que le profit d'une fociété eft
la récompenfe des travaux , de l'induftrie & des avances que l'on a pu
faire. Sous ce point de vue prefque
tous les gains feroient une récompenfe;
ainfi l'on pourroit dire la récompenfe d'une négociation, d'une location,
&c. mais cette maniere de s'exprimer
n'autoriferoit pas à confondre les efpeces différentes; les divers gains n'auroient pas la même caufe ; ceux qui

proviendroient d'une affociation ne feroient point ceux d'un commerce particulier. Que l'on confidére donc, fi l'on veut, la part des femmes, dans les conquêts, comme une récompenfe, pourvu que l'on convienne que c'eft la récompenfe d'une fociété de biens & de travaux.

D'ailleurs, puifque nous voyons parmi nous la fociété conjugale établie, d'où vient donnerions-nous à ces effets une acception ifolée ? Quelle feroit l'origine du droit des femmes Normandes, s'il ne provenoit pas d'une communauté de biens ? Enfin, dès que la pofition d'une Normande eft celle d'une Parifienne, pourquoi établir entr'elles des différences ?

OBJECTION.

» Ce n'eft point en qualité d'affociée » que les femmes en Normandie par- » tagent les meubles & conquêts, c'eft » en *vertu du ftatut réel* de la Province.

RÉPONSE.

Cette objection est sous d'autres termes celle que nous venons de réfuter ; elle paroît néanmoins avoir servi de prétexte à l'Arrêt célebre du 3 Août 1739. Examinons.

La communauté n'est point établie dans les pays de droit écrit, mais les conjoints peuvent se mettre en société.

Lorsqu'ils n'ont pas pris cette précaution, les femmes n'ont rien dans les meubles & conquêts de leurs maris, parce qu'en tous lieux le partage des meubles & conquêts est la suite d'une société de biens.

Si donc ces femmes n'ont rien dans leur pays, elles ne peuvent prétendre ailleurs les meubles & conquêts, puisque la société est le titre qui les donnent, & que ce titre leur manque.

A l'égard des autres droits attribués aux femmes dans les différents pays, elles peuvent les demander, s'ils sont indépendants de la fociété conjugale, comme le douaire, &c.

La raifon de cette différence eft fimple. La feule qualité de femme mariée donne le douaire, au lieu que le partage des meubles & conquêts exige encore une affociation entre les conjoints.

Ceci pofé, quel feroit le privilege d'une femme du pays de droit écrit fur les conquêts de Normandie ?

Premiérement, cette femme feroit ou ne feroit pas en communauté avec fon mari.

Au premier cas, elle devroit partager les meubles & conquêts de Normandie ; c'eft un point reconnu.

Au fecond, elle devroit en être privée ; mais c'eft un point contefté. Voyons pourquoi.

Cette derniere hypothèfe s'eft préfentée au Parlement de Normandie, qui l'a jugée, en 1739, au profit de la femme.

Ceux qui lui conteſtoient cet avantage faiſoient un raiſonnement bien
ſenſible. Les femmes doivent être communes en biens, pour qu'elles puiſſent
partager les effets de la communauté :
or il y a communauté en Normandie ,
& vous n'êtes pas commune en biens
avec votre mari.

D'un autre côté l'habile défenſeur
de cette femme ſoutenoit qu'il n'y
avoit pas de communauté en Normandie.

Suivant lui la faculté de partager les
meubles & conquêts n'eſt pas une ſuite
de la communauté , c'eſt une prérogative accordée aux femmes par un ſtatut
purement réel, en vertu ſeulement de la
loi de la Province , & non à titre de
ſociété conjugale.

Pour rendre cette propoſition plus
claire , il faut examiner ce qu'on entend
par un ſtatut *purement réel*.

On a diſtingué trois ſortes de ſtatuts

ou de difpofitions de Coutume : fça-voir , des ftatuts *réels* , *perfonnels* & *mixtes*.

Quand le ftatut regarde directement *la chofe* , il eft *réel* ; quand il parle fim-plement de la *perfonne* , il eft *perfon-nel* ; quand il ftatue implicitement fur la *chofe* & fur la *perfonne* , il eft *mixte*.

Ces définitions générales font pref-que adoptées par tous les Auteurs, mais elles ne déterminent rien.

Le point critique eft de diftinguer, 1º. Quels font ceux de nos ftatuts qui font purement réels , perfonnels & mixtes. 2º. Quelles font les conféquen-ces de chacun d'eux.

M. Froland a donné fur les ftatuts une differtation diffufe & ténébreufe ; il a cru pouvoir concilier des Auteurs inconciliables avec eux-mêmes.

En effet , toute loi s'exerce fur deux objets principaux ; fçavoir, les chofes & les perfonnes : ces deux objets font

presque

presque toujours liés entr'eux. Lorsque la loi dispose des choses, c'est relativement aux personnes ; lorsqu'elle
parle des personnes, c'est relativement
aux choses.

Comment donc distinguer si le statut est personnel ou réel ? Comment
assurer qu'il est mixte ? C'est vraiment
une difficulté interminable.

Je n'ai point acquis le droit d'ins-
truire le public & de contredire les
idées reçues : j'ose cependant faire
les réflexions suivantes.

L'Univers est une grande société
divisée en plusieurs classes.

Cette société ne s'est pas formée
tout d'un coup, & chaque division
s'est établie sur des reglés particulieres.

Quand un peuple s'est donné des loix,
il n'a considéré que le bien-être de son
état ; & quand il a voulu qu'une loi fût
exécutée, il a pu le vouloir, quoiqu'un
autre peuple suivit une loi contraire.

H

Un bon code eft le réfultat des mœurs d'un peuple. Mais comment fuivre ou fixer la progreffion des mœurs ?

Les notions du jufte & de l'injufte conduifent tous les hommes. Cependant la diverfité des caracteres, les influences du climat, les différences dans la maniere de commander & d'obéir, les fuites de tant de révolutions néceflaires, tout a modifié les idées primitives ; deforte que la légiflation & la vertu d'un peuple n'ont pas été celles d'un autre.

Voilà la caufe du contrafte des loix qui régiffent le monde ; une police générale paroît plus fimple, & conviendroit bien moins.

Par exemple, le droit Romain accordoit aux filles le pouvoir de fuccéder, & le droit des Francs leur retiroit cet avantage. Qu'on examine la pofition différente des deux peuples,

& l'on verra que leurs loix contraires
étoient réfléchies.

Si un Franc avoit ordonné que ses
filles ne succéderoient point à ses biens
acquis dans le territoire de Rome, &
qu'un Romain eût voulu que les filles
succédassent aux biens acquis chez les
Francs, chacun d'eux auroit blessé la
loi territoriale, & par conséquent leur
disposition réciproque auroit été nulle.

S'il en étoit autrement, l'étranger
auroit un droit que le citoyen n'auroit
pas ; il pourroit rendre inutile l'inten-
tion du Législateur en n'exécutant pas
ses loix ; cependant ces loix, relatives
à la constitution de l'état, sont faites
pour en maintenir l'harmonie.

Reglé générale : quiconque prétend
des avantages dans un pays, doit se
soumettre aux institutions du peuple
qui l'habite.

Cela étant vrai comment résoudre
ce problême ? En Normandie la ma-

jorité commence à 20 ans ; à Paris
la minorité finit à 25. Or le Parisien
âgé de 20 ans, mineur dans sa Coutume, pourra-t-il faire les actes d'un
majeur en Normandie ? Et le Normand
du même âge, majeur dans sa Province, sera-t-il mineur à Paris ?

J'entends nos Jurisconsultes dire que
je propose une question résolue ; que
le Parisien sera par-tout mineur, & que
le Normand sera majeur en tous lieux.

Mais sur quoi cela peut-il être fondé ? N'est-il pas vrai que la Coutume
de Normandie n'exige que 20 ans,
pour que l'on puisse disposer de ses
biens ? N'est-il pas certain que celle
de Paris n'a permis de disposer de ses
fonds qu'à l'âge de 25 ; conséquemment le Parisien, âgé de 20 années, a
les qualités requises pour jouir des prérogatives de la loi Normande : par la
même raison, le Normand de cet âge
n'a point celles que la Coutume de

Paris exige à cet égard : d'où il réfulte
que l'un peut ce que l'autre ne peut pas.

·Vous êtes dans l'erreur , me dit-on ,
la minorité & la majorité font des ftatuts perfonnels; or l'effet d'un ftatut de
cette efpece eft de donner une qualité
à la perfonne , & cette qualité elle la
porte en tous lieux.

Effectivement , il feroit abfurde de
croire qu'une perfonne peut fe conduire par elle-même dans un pays, &
qu'elle ne doit agir que par fes tuteurs
dans un autre.

Je réponds que cette abfurdité eft
imaginaire. Encore une fois , chaque
état a pu pofer arbitrairement les regles
qui lui étoient propres. Quand les Pa-
rifiens ont fixé la majorité à 25 ans ,
ils avoient des raifons ; quand les Normands l'ont fixée à 20, ils avoient des
motifs. Si donc l'étranger vouloit être
majeur chez eux avant cet âge , ce feroit bleffer l'efprit de la loi, qui ne veut

point que l'adolescence administre son bien.

Il n'est point absurde d'admettre qu'une personne majeure dans un lieu puisse être mineure ailleurs ; la détermination du tems qui fixe la minorité & la majorité est particuliere à chaque état ; ce que l'un a voulu est indépendant de ce que l'autre veut : tout ce qu'on peut dire, c'est qu'un peuple aura décidé autrement que son voisin.

Soutenir qu'un statut personnel donne un titre qu'on doit exercer en tous lieux, c'est subtiliser. Une société ne peut donner à ses membres une prérogative qui blesse la législation d'une autre société ; & de cette maxime, il résulte que la Coutume de Normandie, en fixant la majorité à 20 ans, n'a pu préjudicier la Coutume de Paris. Combien moins encore peut-elle contredire celle d'Amsterdam ?

Dans les commencements de la Monarchie, les Francs & les Gaulois avoient, comme tous les peuples, des statuts réels, personnels & mixtes ; peut-être qu'aucun d'eux n'en avoit fait la distinction : effectivement les Gaulois suivoient par-tout le droit Romain, & les Francs leurs usages. Par ce moyen le statut réel n'étant pas plus concentré dans une Province que le personnel & le mixte, il s'enfuivoit qu'on les exerçoit tous sans faire attention à leurs différences.

Dans la suite les deux peuples s'étant confondus, une même loi vint les régir. Mais ce changement ne donna pas aux statuts des conséquences dissemblables. Chaque François eût le droit d'exercer dans la France les dispositions de la loi, sans distinguer si elles étoient *réelles*, *personnelles* ou *mixtes*.

La loi d'un peuple n'a de force que dans son territoire ; qu'elle s'exerce fur les fonds ou fur les perfonnes, ou fur les deux enfemble, elle eft égalea ment étendue & bornée à l'égard de tous.

Le droit féodal avoit des avantages & des abus plus grands : la foibleffe de plufieurs Rois de la feconde race fit voir tous les dangers de ce fyftême. Les propriétaires des fiefs fuzerains méprifèrent l'autorité fouveraine ; l'Etat vit naître fucceffivement autant de petits Royaumes que de grands Fiefs ; la Royauté ne fut plus qu'un titre fans pouvoir ; & la vaffalité n'offroit à peine de la dépendance que dans l'ordre inférieur.

Les premiers vaffaux poffédoient des Provinces où ils régloient tout fouverainement ; la loi d'un territoire étoit indépendante des établiffements d'une autre ; de là fe formerent fans doute les Coutumes de France & cet amas d'Ufages locaux.

Les

Les succeſſeurs de Hugues Capet
réparerent par degrés les déſordres
de l'anarchie ; le Cardinal de Riche-
lieu ſappa les fondements du droit
féodal ; le Gouvernement de la France
devint purement monarchique.

Cependant cette unité du pouvoir
ſouverain laiſſoit ſubſiſter toutes les
Coutumes Françoiſes , & ces Coutumes
alloient à plus de 300.

Chaque Coutume , dans ſon territoire , avoit une autorité abſolue ; la
Coutume de Normandie étoit à celle
de Paris ce que ſont les loix d'Angleterre à celles de France.

On conçoit que ſi tous les hommes
n'avoient qu'une même loi , le commerce des nations ſeroit plus facile , &
la légiſlation moins compliquée : c'eſt
donc déjà un inconvénient bien diſ-
gracieux de voir la ſociété générale
diviſée en pluſieurs états néceſſairement
régis par des loix contraires.

J

C'eſt encore un inconvénient plus
déſagréable de voir une claſſe de cette
ſociété ſuivre en commun des loix ſa-
ges émanées du Monarque , & en particulier une multitude d'uſages ridi-
cules , funeſtes , contraires aux mœurs
actuelles , & faciles à détruire.

Par ce moyen chaque petit canton
d'un Royaume accorde des droits , des
franchiſes , & des facultés perſonnelles
qu'un autre petit canton refuſe ou modifie.

D'un autre côté , la prérogative d'un
lieu s'y concentre , & ne peut s'étendre
ailleurs qu'autant qu'elle y eſt reçue ,
ou qu'on ne l'y prohibe pas.

Tant de difficultés ont frappé nos
Juriſconſultes , & les ont contraints
de chercher un reméde : c'eſt alors
qu'ils ont voulu déterminer l'eſpece
& la qualité préciſe des ſtatuts , c'eſt-
à-dire , des diſpoſitions de nos loix.

Cette recherche devenoit inutile , ſi

l'on ne démontroit pas qu'un ſtatut avoit un exercice plus étendu qu'un autre.

Les Jurifconfultes n'ont point dé-montré cet objet important, mais ils l'ont fuppoſé.

En effet, comment établir qu'une loi doit être en partie reſtrainte dans le territoire du peuple qui l'a faite, & qu'elle peut, en partie, être exécu-tée ſur le diſtrict d'un peuple voiſin qui ne l'admet pas ?

C'eſt pourtant-là ce qu'ont affirmé tous ceux qui ont traité des ſtatuts. Ils ont dit (21) : « 1°. Le ſtatut *réel* » ne ſort point de ſon territoire. »

» 2°. Le ſtatut *mixte* n'a pas un pou-» voir d'une plus grande étendue que » le ſtatut *réel*. »

» 3°. *Le ſtatut perſonnel n'exerce pas*

---

(20) Froland, du pouvoir & des effets des ſtatuts, premiere partie, chapitre 7.

» *feulement fon autorité dans le lieu*
» *du domicile de la perfonne, fa diffo-*
» *fition la fuit & l'accompagne en quel-*
» *que lieu qu'elle aille contracter, &*
» *elle influe fur tous fes biens, en quel-*
» *que Coutume qu'ils foient affis.* »

Sur quels principes a-t-on fondé l'empire du *flatut perfonnel ?* Les Nations font-elles convenues de recevoir réciproquement ce qu'elles decide-roient au fujet des perfonnes ? Si cela eft, pourquoi ne produit-on pas ce traité mémorable ?

Mais cet accord n'exifte point, & rien ne prouve que le ftatut *perfonnel* doit avoir une plus grande étendue que les ftatuts *réels & mixtes :* c'eft par une forte de convenance qu'on la lui attribue.

Voici comme les Jurifconfultes ont raifonné : L'homme jugé capable ou incapable d'agir par les loix de fon domicile, doit être jugé tel par les loix de tous les autres peuples.

Ce raifonnement feroit bon fi les loix des autres peuples avoient admis les mêmes capacités ou incapacités : malheureufement cela n'eft pas & ne peut être.

Pour nous en convaincre, examinons quelques exemples du ftatut perfonnel.

PREMIER EXEMPLE.

» LA difpofition de ce ftatut doit fuivre & accompagner la perfonne » en quelque lieu qu'elle aille con-» tracter (22).

» C'eft fous ce principe qu'une fen-» me qui, fuivant la loi de fon domi-» cile, ne peut agir valablement fans » l'autorité expreffe de fon mari, ré-» pand l'effet de fon incapacité fur

(22) Froland, idem

» tous ses immeubles , encore bien
» qu'ils soient situés sous des Coûtumes
» qui n'ont pas des dispositions si ri-
» goureuses. »

Qu'est-ce que cela prouve , sinon
que l'on déduit d'un principe faux des
conséquences vraies ?

Les Jurisconsultes ont suppofé que
la disposition du statut personnel devoit accompagner la personne en tous
lieux ; c'est ce qu'ils ont regardé comme certain , sans en alléguer la moin-
dre preuve.

Et quelles raisons satisfaisantes pour-
roient-ils opposer au peuple qui per-
mettroit aux femmes d'agir sans être
autorisées ? Ce peuple leur diroit :
» Vous donnez des administrateurs à
» vos femmes , & nous permettons aux
» nôtres d'administrer leur bien ; vos
» entraves peuvent être conséquentes
» à la forme de votre état , nos liber-
» tés sont relatives à la constitution du

» nôtre ; vos loix & vos décifions nous
» font étrangeres ; elles font à notre
» égard comme fi elles n'étoient pas.
» Nous voulons que les femmes agif-
» fent dans notre empire comme nous
» l'avons ordonné , & non comme
» vous l'avez prefcrit. Si un homme
» ne tenoit à aucune nation , & qu'il
» vint habiter parmi nous , il faudroit
» qu'il adoptât nos ufages : peu nous
» importe qu'il foit citoyen d'un Etat
» policé , parce que la police de cet
» Etat nous eft indifférente. Nous ne
» fommes point obligés de connoître
» ni d'obferver fes regles, elles ne font
» faites que pour lui. »

DEUXIEME EXEMPLE.

» C'EST fur ce même principe
» que celui qui eft majeur fui-
» vant la Coutume où il a pris naif-
» fance, & fous laquelle il réfide, eft

I 4

» majeur par-tout, & peut comme tel
» aliéner, hypothéquer & vendre ses
» biens, sans considérer si, suivant la
» loi de leur situation, il seroit mineur.»

Ainsi donc le pays qui aura combiné les difficultés & les moyens d'acquérir & d'aliéner, de poursuivre en Justice, & de s'y défendre, de diriger enfin son existence civile relativement aux mœurs & au génie de la Nation ; ce pays qui, d'après sa forme particuliere, aura déterminé le tems où l'on peut se conduire soimême, verra donc ses regles enfreintes par celles d'un autre peuple. Cela n'est pas proposable.

✿✿✿✿✿✿✿✿✿✿✿✿✿✿✿

TROISIEME EXEMPLE.

» C'EST encore sur ce principe
» que celui qui a été interdit
» par le Juge à la Jurisdiction duquel
» il est soumis, porte en tous lieux,

» & communique à tous la peine de
» fon interdiction. »

Cette troifieme maxime doit être
expliquée.

Qu'un homme coupable foit interdit ou condamné dans un Tribunal de
France , l'interdiction le fuit *dans tout
le Royaume.* Pourquoi ? C'eft que les
loix pœnales font généralement ob-
fervées dans l'Etat , & qu'on y doit
juger criminellement de la même maniere.

Mais fi l'homme condamné en France poffédoit des biens dans les Royaumes voifins , la condamnation ne s'y
étendroit pas, à moins que ce ne fût
la loi territoriale.

La Philofophie , qui remonte des
effets aux caufes, a cherché l'origine
des fociétés ; en conféquence elle a
dit que l'homme avoit commencé par
être fauvage , & qu'il fe civilifoit.

Je ne fçai fi les auteurs du genre

humain ont vécu d'abord comme des brutes, fans reconnoître ni famille, ni patrie, ni d'autre droit que celui du plus fort.

Je vois parmi les animaux des diffé-rences conftantes : certaines efpeces vivent en fociété ; d'autres efpeces ne contiennent que des individus très-ifolés.

L'homme, confidéré comme ani-mal, ne feroit-il point placé dans la cathégorie des animaux effentiellement fociables ? Je ne réfoudrai point cette difficulté.

Toutefois, que la fociété foit effen-tielle à l'homme, ou la perfection de fes facultés, ou la réunion de la foi-bleffe contre la force, cela doit être indifférent ; il fuffit de favoir que cha-que affociation a pofé des régles, & que l'infraction de ces régles a fait le crime civil.

Par conféquent, lorfqu'un citoyen

bleffe les regles pofées, & que l'Etat
l'infâme ou le déclare incapable de
poffédor des biens ou des titres, comme ce citoyen n'a bleffé que les droits
de fa fociété particuliere, les autres
n'ont point de raifons pour fe plaindre
ni pour le punir.

Le crime commis dans une fociété
n'eft point puniffable par celle à qui ce
crime eft indifférent : voilà une maxime vraie.

En effet, le droit naturel ne conf-
titue point un homme juge d'un autre homme.

Cette prérogative émane de l'établiffement des fociétés ; elle provient
donc directement du droit civil.

Il eft bien vrai que le droit naturel donne à chacun la défenfe de foi-
même ; & c'eft pourquoi le droit civil
a décerné des peines qui font la répul-
fion de l'injure.

Mais il ne peut y avoir que le peuple , dont l'offenseur & l'offensé sont partie , qui puisse venger l'un & punir l'autre.

Le droit naturel est la regle de l'homme qui n'est point en société.

Le droit civil est la regle particuliere d'une société établie.

Le droit des gens est la regle des Nations entr'elles.

Il ne faut jamais confondre les bornes respectives de ces droits différents.

Par le droit naturel , la vengeance de l'injure n'appartient qu'à l'offensé.

Par le droit civil , elle appartient à l'Etat qui le représente , & qui se trouve blessé dans sa personne.

Par le droit des gens , la réparation d'un tort fait à une société , n'appartient qu'à elle ; les Etats sont les uns aux autres ce que seroient des hommes sans association. Néanmoins , puisque les sociétés ont des rapports , & qu'elles sont convenues de certains points , elles

peuvent être, en quelque forte, inté-
refſées à ſe maintenir réciproquement.

Comme nous le voyons, le droit
naturel eſt la baſe du droit civil & du
droit des gens.

Cependant il faut renfermer chaque
eſpece dans ſes limites, le droit naturel ceſſe où le droit civil a parlé, &
celui-ci, qui n'eſt fait que pour une
ſociété diſtincte, n'en peut obliger
d'autre. Les Nations ne connoiſſent
entr'elles que le droit des gens, c'eſt-
à-dire, les égards d'un peuple pour un
peuple, ou d'un homme pour un homme.

Diſons donc qu'un citoyen déclaré
capable ou incapable dans un Royaume, n'eſt cenſé tel que dans ce Royau-
me-là : par-tout ailleurs il n'offre que
la qualité d'homme dénué de tout être
civil, il ne peut reclamer que le droit
des gens, & l'on ne peut lui en oppo-
ſer d'autre.

Conſéquemment l'autorité légiſlative

d'un peuple a pour bornes fon territoire, & les autres Etats ne font point
obligés d'admettre aucunes de fes décifions.

J'ai donc eu raifon de dire que les
ftatuts perfonnels ne devoient pas avoir
plus d'étendue que les ftatuts *réels &*
mixtes.

Si ce principe eft vrai, fa nouveauté
eft indifférente : confidérons feulement
l'avantage de fes effets.

La divifion qu'on a faite des ftatuts
en *réels, perfonnels & mixtes* eft raifonnée ; mais il eft peut-être impoffi-
ble de faire le choix de nos difpofitions
coutumieres, & de les ranger dans leur
claffe propre.

Cet ufage & cet ordre impoffibles
ou très-difficultueux, font néceffaires,
fi l'on donne aux ftatuts des prérogatives diffemblables ; ils font inutiles fi
l'on décide avec moi que ces ftatuts en
doivent avoir de pareilles.

Par conféquent ma décifion, fuppofée jufte , dégage la Jurifprudence
d'une multitude de recherches.

Le réfultat des miennes eft d'avoir
démontré que les difpofitions de nos
Coutumes , foit *réelles* , *perfonnelles*
ou *mixtes* , font également reftraintes
dans leur territoire. Il n'eft donc point
important de favoir fi le ftatut qui con-
cerne le droit des femmes Normandes
eft purement *réel* , *perfonnel* ou *mix-*
te ; quel qu'il foit , fes conféquences
font les mêmes.

Au refte , le ftatut qui difpofe des
droits des femmes des pays de communauté , n'eft-il pas effentiellement
femblable au ftatut Normand ? Si ce
dernier eft réel , pourquoi le premier
ne le fera-t-il pas ? Le ftatut *réel eft*
celui qui regarde la chofe. Or dans la
Coutume de Paris , comme dans celle
de Rheims & de Normandie , l'objet
n'eft-il pas le même ?

On ne fçauroit trop répéter la maxime fuivante : « Les femmes Norman-
» des ne différent des femmes commu-
» nes que par la quotité de leurs avan-
» tages. » Elles les reclament toutes fur
le même principe , qui eft le travail &
l'acquifition en commun.

Il ne faut pas argumenter de ce que
les femmes Normandes , qui n'ont que
des prérogatives bornées, ne peuvent
encore les étendre.

Premiérement , ce n'eft pas là ce qui
peut donner au ftatut plus ou moins de
réalité. Un ftatut n'eft pas *réel* , parce
qu'il limite un objet , mais parce qu'il
difpofe des chofes & non des perfonnes.

Secondement , pourquoi cette limi-
tation changeroit-elle le droit des femmes en Normandie ? Eft-ce que les conjoints ne peuvent être communs que
lorfque les femmes ont des droits ar-
bitraires ? Eft-ce que la loi ne peut les
borner fans détruire le titre qui les
donne ?

donne ? Eſt-ce qu'on ceſſe d'être aſſociée, parce qu'on ne peut prendre
qu'une ſomme fixe dans la ſociété ?
Qu'une loi nouvelle défende de donner aux Pariſiennes au-delà du tiers
des acquiſitions, en concluera-t-on
qu'elles ne ſont plus communes ? Ne
ſent-on pas que ſi leur communauté devient moins avantageuſe, elle ſubſiſte
toujours ?

Qu'entend-on par un ſtatut purement réel ? C'eſt ſans doute une diſpoſition qui regarde directement la
choſe.

De quelle eſpece eſt le ſtatut qui fixe
le droit des femmes communes ? C'eſt
une queſtion ſur laquelle on a déjà trop
écrit, & que je me garderai bien de
traiter.

Ce qui eſt clair, c'eſt que ce ſtatut,
en diſpoſant de la choſe, conſidére la
perſonne. 1°. Il veut que le privilege
de partager les meubles & conquêts

K

n'appartienne qu'à la femme qui joint
sa fortune à celle de son époux, & qui
travaille pour lui. 2°. Il en prive celle
qui est séparée de biens.

Qu'on objecte tant qu'on voudra,
il faudra toujours en revenir à ce point
simple : C'est que le droit des femmes
communes est en tous lieux la récom-
pense d'une société de biens & de travaux ; d'où il suit que les femmes Normandes, qui prennent le même droit
sur le même principe , ont la même
qualité.

Résumons. En Normandie la fem-
me n'est point l'héritiere de son mari,
elle est son associée: c'est à ce titre seul
qu'elle partage les meubles & conquêts , & le mari est, comme dans tous
les pays de communauté , le libre administrateur du bien social.

CONSÉQUENCES

DE LA COMMUNAUTÉ NORMANDE.

C'EST beaucoup d'avoir démontré qu'en Normandie les femmes
partagent les meubles & conquêts à
titre de communes.

Ce principe & ceux que nous avons
établis en l'examinant, doivent éclair-
cir toutes les difficultés qu'on peut faire
à cet égard.

Nous envisagerons d'abord les conjoints Normands dans plusieurs situa-
tions où ils peuvent se trouver ; ensuite nous considérerons les conjoints
autres Provinces, relativement à la
Normandie.

Avant tout, posons quelques maximes généralement reconnues.

La communauté entre les époux se
forme de deux manieres. 1°. Lorsqu'ils
la stipulent dans leur contrat de ma-

riage. 2°. Lorſque la Coutume du lieu de leur établiſſement en diſpoſe.

La communauté , ſtipulée dans le contrat , eſt nommée *conventionnelle* , & l'autre *légale*.

La premiere ſe modifie ſur la volonté des contractans ; la ſeconde , admiſe *vi ſolius conſuetudinis* , eſt déterminée par la loi.

Appliquôns maintenant ces principes.

(Je ne prétends point diſcuter tous les cas poſſibles , mais les plus importants.)

PREMIERE HYPOTHESE.

Quels ſont les droits des femmes Normandes dans l'étendue de la Province de Normandie.

ARTICLE 329 de notre Coutume.

» L A femme, après la mort du mari, a la moitié en propriété des » *conquéts* faits en Bourgage conſtant

» le mariage ; & quant aux conquêts
» faits hors Bourgage , la femme a la
» moitié en *propriété* au Bailliage de
» Gifors , & en *ufufruit* au Bailliage de
» Caux , & le tiers par ufufruit aux au-
» tres Bailliages & Vicomtés *. »

* Voir les Coutumes locales.

ART. 392.

» Après la mort du mari , la femme a
» le tiers aux meubles , s'il y a enfants
» vivants de fon mari , en contribuant
» aux dettes pour fa part , hormis les
» frais des funérailles & legs teftamen-
» taires , & s'il n'y en a point , elle y a
» moitié , aux charges que deffus **. »

** Voir idem.

ART. 393.

» Néanmoins , s'il n'y a que des filles
» qui aient été mariées du vivant de leur
» pere , elle a la moitié au meuble ,
» pourvu que le mari foit quitte du
» meuble par lui promis , à fes filles ou
» gendres , en faveur de mariage. »

ART. 330.

» Quelqu'accord ou convenant qui
» ait été fait par contrat de mariage, &
» en faveur d'icelui , les femmes ne
» peuvent avoir une plus grande part
» aux *conquêts* (23) faits par le mari,
» que ce qui leur appartient par la Cou-
» tume, à laquelle les contractans ne
» peuvent déroger. »

Outre ces dispositions, la Province
est régie par des Usages locaux.

Le droit général de la Normandie est
d'accorder aux femmes le tiers en usufruit des conquêts. La Coutume, dans
l'art. 329, a mis des exceptions pour
le Bourgage & les Bailliages de Gisors
& de Caux. Quant aux autres lieux ,
également exceptés , ils se trouvent dans
les Coutumes locales. On peut faire
deux tableaux de ces exceptions.

(24) Et non pour les meubles. Voit à cet
égard les dispositions permises par la Coutume, & sur-tout par la Jurisprudence.

Premier Tableau concernant les Conquêts.

A Gaillon & Grammont, dépendants de la Vicôté d'Andely, les femmes ne jouissent usufruitiérement que du tiers.	Lieux où la femme a moitié en usufruit	Lieux où la Femme a moitié en propriété.	A Baïeux les femmes jouissent, par usufruit, de tous les conquêts faits en franc-aleu.
	1. Vicomté d'Arques, pour une portion. 2. Vicomté de Montivilliers, pour une portion. 3. Vicomté de Neufchâtel, pour une partie. 4. Ville de Caen.	1°. La Paroisse de Jumieges, Vic. de Rouen, pour les héritages franchement tenus. 2°. Les héritages dépendants de la Haute-Justice de Royaumont, Village de la Haye-Malherbe, Vicomté de Pont-de-l'Arche. 3°. Vicomté d'Arques, pour une portion. 4°. Vicomté de Neufchâtel, pour une partie. 5°. L'Enclave local de Gournay. 6°. A Torigny, Cerisy, Pigny, pour les héritages compris dans certaines bornes. 7°. Châtellenie d'Allençon. 8°. Ville & Banlieue de Verneuil.	

Second Tableau concernant les Meubles.

Lieux où la femme a la moitié des meubles, soit qu'il y ait enfans ou non, à la charge de la moitié des dettes & des funérailles.	1°. La femme n'a que le tiers, soit qu'il y ait enfants ou non, dans la Vicomté d'Andely.
1°. Vicomté & Châtellenie d'Evreux & Nonancourt.	2°. Dans la Vicomté de Gisors, la femme, après le décès du mari, a la moitié aux meubles, soit qu'il y ait enfants ou non, à la charge de payer la moitié des dettes, legs testamentaires & frais funéraires.
2°. Vicomté de Beaumont-le-Roger.	
3°. Vicomté & Châtellenie de Conches & Breteuil.	
4°. Châtellenie d'Allençon.	3°. Dans la Vicomté de Lions, pareille disposition, s'il n'y a pas d'enfants.
5°. Vicomté de Verneuil.	
Nota. Dans ces deux derniers endroits le mari ne remplàce point les meubles échus à sa femme.	

Une

Une femme peut être mariée dans la Coutume générale, ou dans un lieu d'exception.

1°. Si elle est mariée dans la Coutume générale, & que son mari fasse des acquisitions dans les autres endroits, elle les partagera, conformément à l'usage local de la situation des biens : tout le monde fait cela.

Ce qu'on ignore, peut-être, c'est le principe qui regle ce partage ; ce principe est le titre de la femme, & ce titre est la communauté. La femme porte en tous lieux la qualité de commune, & c'est en vertu de cette qualité qu'elle y reclame les droits qu'on accorde aux femmes non séparées.

Quant aux meubles, la décision n'est pas la même. Un citoyen n'a presque jamais qu'un vrai domicile, & ce domicile est le centre de sa fortune mobiliaire : s'il se trouve ailleurs des meubles, c'est une dépendance du réser-

H

voir commun où ils doivent un jour revenir. Les meubles font comme le voyageur qui conferve fon domicile, bien qu'il n'y réfide pas toujours.

Il eft vrai qu'on peut avoir plufieurs domiciles égaux, où donc le principal n'eft pas affez diftingué. Dans ce cas, il faut régarder ces domiciles comme ceux de différentes perfonnes.

Toutefois, ne faifons point d'hypo-thèfes extrêmes. Nous avons fuppofé un établiffement de gens mariés dans la Coutume générale. Or tous les effets mobiliaires font cenfés être où les con-joints font établis. La femme ne peut donc y avoir que le tiers ou la moitié, s'il n'y a point d'enfants mâles, & fi l'on a payé *le meuble* promis aux filles.

Cela doit être obfervé pour les meu-bles qui feroient répoftés dans la Vi-comté de Gifors (25), parce qu'ils

_____

(25) Où les femmes font plus favorifées.

appartiennent au dépôt total., & qu'ils n'auroient à Gisors qu'une résidence momentanée & conditionnelle.

2°. Si les conjoints sont mariés & domiciliés dans un lieu d'exception, la femme prendra les conquêts & les meubles comme ci-dessus., c'est-à-dire, les conquêts, suivant la loi de leur situation, & les meubles, suivant celle du domicile.

Pourquoi, dira-t-on, la femme Normande, qui contracte sous la Coutume générale ou sous un Usage local, ne porte t-elle pas en tous lieux les avantages ou les restrictions de sa loi domiciliaire ? Si elle étoit commune, cela devroit être, parce que cela s'observe dans tous les pays de communauté (26).

Cette objection spécieuse est toujours

---

(26) Cela est vrai, lorsque les conjoints en sont convenus.

L 2

faite pár ceux qui n'admettent point de
société entre les époux Normands ;
elle est néanmoins bien facile à réfuter.

Si une femme commune prend,
dans un autre pays de communauté,
les avantages de fa Coutume, c'est
que cet autre pays permet aux conjoints de faire arbitrairement leurs sti-
pulations, au lieu qu'en Normandie le
droit des femmes est limité par l'usage
des lieux, que chaque loi territoriale
est maîtresse dans fon district, & que
l'article 330 ne veut point qu'on en
étende les dispositions.

Quand les conjoints restent constam-
ment dans le domicile qu'ils avoient
lors de leur mariage, les droits de la
femme doivent se régler ainsi qu'on
vient de le voir ; mais si par la suite
ils changent de domicile, & vont s'é-
tablir d'un lieu d'exception dans la
Coutume générale, & *vice versa*, qu'en
doit-il résulter ?

Je crois que cette tranflation ne peut
intéreffer que les meubles, car les conquêts font toujours réglés par la loi de
leur fituation.

A l'égard des meubles, l'intérêt de
la femme eft évident. Si elle eft mariée dans la Vicomté d'Andely, où
elle n'auroit eu que le tiers, quoique
fon mari n'ait point laiffé d'enfants,
n'aura-t-elle que ce tiers, fi elle s'établit dans la Coutume générale, & dans
les Vicomtés de Gifors & de Lions,
qui traitent plus favorablement les femmes ? D'un autre côté, fi elle eft mariée dans ces Coutumes favorables, &
qu'elle s'établiffe dans la Vicomté d'Andely, prendra-t-elle fur les meubles
plus que l'Ufage local de cette Vicomté ne lui accorde ?

Pour réfoudre ces deux difficultés,
il fuffit de rappeller un principe in-
conteftable ; c'eft que le mari eft le
maître abfolu des effets de la commu-

L 3

nauté. Il peut acquérir des immeubles en tous lieux, les vendre, & les remplacer à son choix; par ce moyen le mari est libre d'augmenter, changer & diminuer à chaque instant la portion de son épouse, en acquérant sous des Coutumes plus ou moins favorables.

D'autre part, le mari peut aussi varier à son choix son domicile; ce pouvoir émane de son titre d'administrateur arbitraire. Le droit de changer le domicile a donc la même cause que celui de disposer à volonté des effets communs : d'où il suit que leurs effets doivent être semblables, c'est-à-dire, que le changement du domicile doit nuire & profiter à la femme, de même que les acquisitions & toutes les suites de l'administration du mari.

Que ce dernier place son domicile & fasse des acquisitions dans la Vicomté d'Andely, la femme n'aura que le tiers des meubles & le tiers en usu-

fruit des conquêts ; mais s'il vend les
acquifitions d'Andely , s'il tranfporte
fon domicile à Gifors , & qu'il y rem-
place les mêmes acquifitions en d'autres héritages , la femme aura moitié
dans l'immeuble. Pourquoi jugeroit-
on autrement pour les chofes mobiliaires ? La mutation du domicile & l'a-
liénation des biens acquis , ont une
entiere fimilitude. La tranflation du
domicile eft le changement des meubles ; la vente & le remploi des héritages forment le changement des conquêts : ces deux opérations font les
mêmes. Le mari auroit pu joindre à
fes meubles le produit des conquêts
vendus, il auroit pu mettre en fond le
reftant de fes meubles. L'emploi des
biens communs ne dépend donc que
du mari ? Sa femme eft donc obligée
de les partager comme elle les trouve ,
foit en meubles , foit en fonds ?

Après ce qu'on vient de voir , je puis

L 4

poſer cette régle générale : La loi du
domicile du mari , lors de ſa mort , &
celle de la ſituation des biens , fixent
le droit des femmes ; la premiere régit
les meubles , la ſeconde les conquêts.

Ce principe eſt l'éclairciſſement de
toutes les difficultés. J'en vais donner
la preuve , en conſidérant la femme
ſous un autre aſpect.

SECONDE HYPOTHESE.

*Quels ſont les droits des femmes Nor-
mandes hors de la Province.*

LEs queſtions que je traite ont
occaſionné des volumes, mais je
ne ſais pourquoi.

J'ai ſouvent dit qu'on ne pouvoit
agir dans le territoire d'une Coutume,
que conformément à ſes diſpoſitions.

C'eſt par cette raiſon qu'une femme,
mariée dans le Bailliage de Giſors , ne
peut prétendre , ſur les conquêts du

pays de Caux, que l'avantage prescrit par la loi territoriale.

Quel sera donc le droit d'une femme Normande dans la Coutume de Paris ?

Ce doit être celui qu'on y accorde aux femmes sur les conquêts ; car les différentes Coutumes d'une Province sont entr'elles ce que sont les Coutumes Générales du Royaume, & les différents Etats entr'eux.

La femme Normande porte dans la Coutume de Paris un caractere distinctif, celui de femme *commune* (27).

_____

(27) Si la femme Normande n'étoit pas commune en biens, elle ne partageroit pas les conquêts de Paris, parce que la Coutume de ce lieu ne les accorde qu'à droit de communauté. Il est donc bien intéressant de connoître la qualité de la femme Normande, & c'est sans principe que ceux qui lui contestent sa qualité d'associée, lui accordent une portion des conquêts faits hors de la Province.

C'eft en vertu de ce titre qu'elle y ré-
clame les conquêts, parce que c'eft à
ce titre que la Coutume de Paris les
accorde.

La loi d'un peuple n'a point d'empire fur celle d'un peuple indépendant,
mais fi les deux peuples obfervent les
mêmes loix, & donnent aux perfonnes les mêmes qualités, ce qu'un citoyen peut prétendre dans fon pays,
il l'obtiendra dans l'autre, non pas
en vertu de fa loi particuliere, mais
en vertu de celle du Royaume étranger.

La femme qui eft en communauté
de biens avec fon mari, doit avoir
une part dans les meubles & conquêts.
Or cette part eft limitée, pour les
biens, par la loi de leur fituation, &
pour les meubles, par celle du domicile.

Il en eft de la femme commune
comme d'un fils aîné qui prend par-
tout les droits inégaux que les dif-

férentes Coutumes lui attribuent.

Le ſtatut qui donne la qualité d'hé‑
ritier, paroît un ſtatut perſonnel. Ce‑
pendant cette capacité ne ſuit pas la
perſonne en tous lieux ; car les filles
héritieres ailleurs, n'auroient qu'une
légitime en Normandie.

C'eſt ici une nouvelle preuve que
les diſpoſitions perſonnelles ne ſuivent
la perſonne que dans les endroits où
ces diſpoſitions ſont admiſes.

La femme Normande, mariée dans
la Coutume générale, partagera les
conquêts de Giſors & ceux de Paris,
de la même maniere & ſur les mêmes
principes. A l'égard des meubles, ſon
droit variera avec le domicile de ſon
mari.

Si les conjoints Normands s'établiſ‑
ſent à Paris, la femme ſurvivante ſera
réputée Pariſienne.

La Coutume de Normandie a limité
le droit des femmes ; les autres Coutu‑

mes ; en le fixant , n'ont point défendu
de l'étendre. Les conjoints Normands
peuvent donc convenir , par leur contrat de mariage , que la femme prendra plus de la moitié dans les conquêts
faits hors de la Province.

L'article 330 de notre Coutume
ne parle que des conquêts : d'où il
suit qu'il n'a pas défendu de donner
aux femmes plus du tiers ou de la moitié des meubles.

Suivre par - tout la loi territoriale ;
c'est une décision plus juste qu'utile. Je
m'explique.

Pour approuver ou désaprouver une
disposition de la loi , il faut voir toutes ses dispositions ensemble ; car le
préjudice d'un statut est souvent com-
pensé par l'avantage d'un autre , &
leur existence n'est peut-être due qu'à
leur relation.

D'ailleurs les mœurs d'un peuple se
calquent ; en quelque sorte , sur les

loix ; ce qui rétablit une efpece d'équi-
libre,

Lorfqu'un citoyen n'exerce fes droits
que dans fa patrie , il peut éprouver en
même-tems les faveurs & les défavan-
tages de fa légiflation. Il n'en eft pas
ainfi d'un Normand qui exerce des
droits en Angleterre , indépendants de
ceux de fa Province , & fans relation
avec la loi territoriale & le génie na-
tionnal.

Par exemple , les femmes en Normandie n'ont pas dans les conquêts &
fes meubles une portion conftamment
aufli forte que celles de Paris. Mais 1°.
s'il leur écheoit des meubles pendant
leur mariage , le mari eft prefque toujours contraint d'en remplacer la moitié. 2°. La femme ne peut jamais per-
dre la propriété de fes biens vendus de
fon confentement. 3°. La confignation
de la dot produit à la femme Normande des avantages marqués ; outre cela

le mari peut lui faire bien d'autres faveurs gratuites.

La Parisienne n'a point ces prérogatives, à moins qu'elle ne les stipu-
le, & cette stipulation n'est pas ordinaire : par conséquent, si elle est plus
favorisée dans les meubles & conquêts,
elle l'est moins que la Normande dans
plusieurs cas.

Or voici l'inconvénient qui peut
résulter de cette différence : c'est que
la femme d'un habitant de Normandie prend, dans les conquêts de Paris,
autant qu'une Parisienne, bien qu'à
d'autres égards la premiere soit plus
favorablement traitée que la seconde
par la Coutume du domicile, & que
chaque Coutume n'ait peut-être fixé
le partage des conquêts que relativement à la totalité des pactions matri-
moniales.

La loi est un contrat social qui ne devroit régir que les parties contractan-

tes ; parce qu'en contractant ; elles
n'ont confidéré qu'elles feules , &
qu'elles ont dû mettre des rapports entre les différentes claufes de leur fociété.

Cependant cette réflexion jufte n'eft
point pratiquable : car , fi la loi d'un
peuple n'eft faite que pour lui , il faudra , de deux chofes l'une , ou qu'on
ne puiffe rien prétendre dans un Royaume étranger, ce qui feroit malheureux ,
ou qu'on puiffe y reclamer des droits
en vertu de fa loi particuliere, ce qui
feroit contre l'ordre.

Je vais toucher une queftion dé-
licate.

En Normandie le mari eft tenu de
remplacer la moitié des meubles échus
à fa femme conftant le mariage , lorfqu'ils excédent la moitié du don mobil.

Dans les pays de communauté , ces
meubles viennent entiérement augmenter la maffe commune.

Si la *Normande* eſt *domiciliée* en Normandie, elle pourra prétendre le remplacement de la moitié, ſoit que ces meubles proviennent d'un habitant de la Province, ou de tout autre.

Si au contraire elle a ſon domicile dans les pays de communauté, elle ne pourra exiger ce remploi.

Voici la raiſon de cette différence.

J'ai démontré que la loi du domicile régiſſoit les meubles. Or les meubles échus à la femme mariée ſuivent ſa perſonne, & non le domicile de ceux dont ils proviennent, car ils paſſent à la femme avant d'aller au mari ; par conſéquent ils prennent la ſituation que leur donne le domicile de la femme, & c'eſt dans cet éta que le mari les reçoit pour les con ndre dans le bien ſocial, ou pour les remplacer.

Si donc les meubles échus à une femme ont ſon domicile pour ſituation, c'eſt la loi de ce domicile qui

doit

doit régir les droits des conjoints fur ces meubles.

Conféquemment le remploi dimidiaire ne peut avoir lieu que pour les domiciliés dans notre Province.

Ce n'eſt pas aſſez que de régler l'emploi de ces meubles, il faut ſavoir à quel titre le mari jouit de la totalité, ou d'une partie d'iceux.

A Paris, cette queſtion ne ſeroit pas problématique : tous diroient que c'eſt en réſultance de la ſociété conjugale.

En Normandie, cette ſolution ſeroit conteſtée. Perſonne n'y reconnoît la communauté. Comment donc dire qu'elle conſtitue le droit du mari ?

Mais puiſque nous avons établi une communauté Normande, eſſentiellement conforme à la communauté françoiſe, il faut juger d'après ce principe, & dire qu'en cette Province, comme ailleurs, ces meubles appartien-

M

nent au mari , à droit de société.

Il est vrai que si cela est plus vraisem-
blable & plus analogue , ce n'est pas
une raison pour que la Normandie n'ait
point adm's le contraire ; car nos peres
ont pu vouloir que la moitié des meubles échus aux femmes , appartint aux
maris , soit qu'ils fussent ou ne fussent
pas civilement séparés.

Je ne sais pourquoi en Normandie
on ne veut pas admettre une communauté de biens entre les époux ,
puisqu'il est d'usage de les séparer de
biens ?

Toutefois que l'état des conjoints ,
avant la séparation , soit ce que l'on
appelle ailleurs communauté , ma question reste toujours la même : elle
consiste à savoir si le Normand , sé-
paré de biens , peut demander les
meubles qui échéent à sa femme.

Il faut avouer que notre Coutume
n'a pas prononcé à cet égard , & qu'il

n'eſt pas plus inconſéquent d'accorder
ces meubles après la ſéparation, que le
droit de viduité.

Peut-être que dans l'origine, ces
deux avantages réſultoient de la ſociété
conjugale. Cependant il ne répugne
point que le mari exerce le droit de
viduité, ainſi que la femme exerce le
douaire ; ce ſont des prérogatives qui
peuvent être indépendantes de l'aſſociation des conjoints : j'en dis autant
des meubles échus à la femme.

J'ajoûte néanmoins que l'uſage général du Royaume étant d'en priver le
mari ſéparé de biens, la préſomption
ne doit pas être pour lui en Normandie.

Ceci préentendu, voici une remar-
que qui va donner beaucoup de force
à cette préſomption.

Dans les Vicomtés d'Allençon &
de Verneuil, les femmes ont toujours
la moitié dans les meubles, ſoit que

leurs maris aient ou n'aient pas laiſſé
d'enfants.

En conſidération de cette faveur,
le mari n'eſt pas obligé de remplacer
les meubles échus à ſa femme pendant
le mariage.

Je tire de là une preuve bien cer‑
taine, que le droit du mari ſur les meu‑
bles eſt une dépendance de la commu‑
nauté ou de l'aſſociation de biens.

Effectivement, ſi le droit du mari
ſur les meubles échus à la femme, pou‑
voit s'exiger nonobſtant la ſéparation,
ce droit manqueroit de principe.

Car quel eſt le fondement des diſ‑
poſitions locales qui diſpenſent le mari
de remplacer, & qui augmentent la
portion des femmes ? C'eſt parce que
le mari ne remplaçant point, les fem‑
mes mettent plus dans la commu‑
nauté, & qu'elles doivent y prendre
davantage.

Or dans le cas de ſéparation, rien

he difpenferoit le mari de remplacer ;
puifque la femme ne prendroit rien
dans fes meubles.

Il faut donc conclure qu'on a confidéré dans ces deux Vicomtés une relation entre le droit du mari & celui de
la femme , & qu'on a cru qu'ils dépen-
doient également de la fociété des conjoints.

Si l'on dit que la difpofition d'un
ufage local ne préfente pas dans les
mêmes efpeces le fens néceffaire de la
loi générale , je répondrai que l'induc-
tion eft au moins très-forte, fur-tout
lorfque la loi générale ne contient pas
d'indices contraires , & que l'ufage local eft d'accord avec les principes &
les autres Coutumes.

On fera peut-être cette objection :
Un mari peut avoir joui de beaucoup de meubles échus à fa femme ;
& enfuite fe féparer ; cependant la
femme ne prendra rien dans les meu-

bles : d'où il fuit que le droit du mari
peut avoir lieu , bien que la femme
n'exerce pas le sien.

Cette conséquence réfléchie ne détruit pas ce que j'ai dit.

1°. Le mari est maître de la communauté , & la femme doit en partager
les forces & charges , comme elles se
trouvent.

De ce principe , il résulte que le
mari a pu disposer à son gré des meubles échus , & que la femme doit se
contenter de ce qui reste , ou renoncer.

2°. Cette objection n'entre pas dans
notre hypothèse. Il n'est point question de savoir si le mari doit conserver
les meubles échus à sa femme pendant
la société de biens , mais s'il peut prétendre ces meubles échus après la séparation.

Au premier cas , on ne peut le con-
traindre de conserver , parce qu'il est
le libre administrateur des effets com-

muns ; au fecond , il ne peut rien prétendre , parce qu'il n'eft pas affocié ,
& qu'alors la femme ne pourroit efpérer
dans les meubles aucune récompenfe.

Je n'en dirai pas davantage fur les
droits des femmes Normandes dans les
pays de communauté. Voyons maintenant ce qu'ils doivent être dans les
pays où la communauté n'eft pas légale.

D'abord il paroît que la femme Normande ne peut rien demander en vertu de la loi de la fituation des biens ,
puifque cette loi n'établit pas de fociété entre les époux.

Il eft vrai que la loi territoriale permet la ftipulation de communauté ; la
femme Normande peut donc y prétendre des prérogatives conformes à la
fociété qu'elle a ftipulée.

Les conjoints font en communauté
dé deux manieres , ou parce qu'ils contractent fous une Coutume qui l'admet , ou parce qu'ils la ftipulent dans

le diftrict d'une Coutume qui ne l'admet pas.

Lorfque les conjoints ftipulent la
communauté de biens, & qu'ils en déterminent les claufes, leur convention
doit s'exécuter chez tous les peuples
qui ne la prohibent point.

Lorfque les époux ont contracté
fans ftipulation fpéciale dans un pays
de communauté, ils doivent fuivre en
tous lieux la loi de la fituation des biens
communs.

Mais comment obferver cette derniere maxime dans un pays qui n'a
point de difpofitions fur la fociété conjugale ?

Alors il faut en revenir aux premiers principes de la fociété ordinaire ;
& donner aux conjoints une part uniforme.

Les époux ont cependant le choix
d'obferver les difpofitions de la loi fous
lefquelles ils contractent *nommément.*

Je

Je prouve ces deux propositions;

1°. Quand les conjoints contractent sous une Coutume qui admet la communauté, c'est pour jouir partout des droits accordés aux époux communs. Si la loi domiciliaire étend leurs droits, ou leur donne des entraves, ce n'est qu'à l'égard de son district. Quant aux autres lieux, il faut observer la loi territoriale, & au défaut de cette loi particuliere, le droit commun des sociétés.

2°. Quand la loi du domicile donne des droits plus forts que les autres Coutumes, & que les conjoints contractent *spécialement* sous les dispositions de cette loi, ils portent leurs prérogatives dans tous les pays *qui ne les rejettent pas*. Cela est fondé sur ce qu'ils ont pu choisir ces dispositions pour être la regle de leur société.

N

TROISIEME HYPOTHESE.

*Quels sont les avantages des femmes,
domiciliées dans les pays de droit
écrit, sur les biens Normands.*

1°. CES femmes ont ou n'ont pas été mariées dans leur pays, & dans l'un & l'autre cas elles sont ou ne sont pas en société.

2°. Si elles ont été mariées dans leur pays, & qu'elles n'aient point stipulé de communauté, elles sont en séparation de biens.

3°. Si elles ont été mariées dans la France coutumiere, elles sont communes, & ce titre les suit en tous lieux.

4°. Si ces femmes sont en société, elles partageront les biens Normands suivant la Coutume générale & les Usages locaux.

5°. Si elles ne sont pas en société,

mais en féparation ; elles n'auront rien fur les acquifitions de Normandie, parce qu'en cette Province & dans toute autre, les femmes féparées ne partagent point les meubles & conquêts.

L'Arrêt de 1739 paroît avoir jugé contre cette maxime ; mais cet Arrêt n'eft point rendu pour faire Réglement & la Cour peut avoir prononcé fur des raifons particulieres.

❀❀❀❀❀❀❀❀❀❀❀❀❀❀❀❀

QUATRIEME HYPOTHESE.

Quels font les droits des femmes, domiciliées dans les pays de communauté, fur les biens Normands.

1°. LA loi du domicile réglant les meubles, la difficulté ne peut tomber que fur les conquêts.

2°. Nous favons que notre Coutume a limité le partage des femmes, & qu'elle en avoit le pouvoir. Je puis

N 2

donc conclure que les femmes domiciliées hors de la Normandie ne peuvent avoir plus que les Normandes.

Inutilement diroit-on que le mariage eſt un contrat de ſociété, & que les
clauſes de toute ſociété dépendent des
contraĉtans ; car cette liberté provient
de ce que la Coutume n'a pas réglé
les autres aſſociations comme la ſociété
matrimoniale.

En vain diroit-on encore que la
communauté eſt une diſpoſition per-
ſonnelle ; la qualité des ſtatuts n'influe
point ſur l'empire d'une Coutume.

Ce qu'on peut dire de mieux, c'eſt
que la Coutume n'a vu que les habitants de ſon territoire, & qu'elle n'a
pas prétendu en obliger d'autres. En
effet, les diſpoſitions relatives d'une
loi ne devroient régir que ceux qui
vivent ſous l'empire de toutes.... Je
ſens mieux cette vérité que je ne l'exprime, & j'en ai montré les ſéquences.

Mon but n'eſt pas d'épuiſer cette matiere, mais d'indiquer ſeulement les principes de déciſion : c'eſt pourquoi je termine mes recherches.

F I N.

APPROBATION.

J'AI lu par ordre de Monseigneur le Chancelier, un Manuscrit ayant pour titre : *Dissertation sur la Communauté Normande*, par M^{e.} DU CASTEL, *Avocat au Parlement de Normandie*, & je pense que cet Ouvrage ne renferme rien qui puisse en empêcher l'impression. A Paris ce 7 Décembre 1769.

Signé, LALAURE.

PRIVILEGE DU ROI.

LOUIS, par la grace de Dieu, Roi de France & de Navarre : A nos amés & féaux les Gens tenans nos Cours de Parlement , Maîtres des Requêtes ordinaires de notre Hôtel , Grand - Conseil, Prévôt de Paris , Baillifs , Senéchaux , leurs Lieutenants Civils , & autres nos Justiciers qu'il appartiendra. SALUT. Notre amé le sieur DU CASTEL Nous a fait exposer qu'il désireroit faire imprimer & donner au Public un Ouvrage qui a pour titre : *Dissertation sur la Communauté Normande*, s'il nous plaisoit lui accorder nos Lettres de Permission pour ce nécessaires. A ces causes, voulant favorablement traiter l'Exposant, Nous lui avons permis & permettons par ces Présentes , de faire imprimer ledit Ouvrage autant de fois que bon lui semblera , & de le faire vendre & débiter par-tout notre Royaume pendant le tems de trois années consécutives , à compter du jour de la date des Présentes. Faisons défenses à tous Imprimeurs, Libraires , & autres personnes, de quelque

I

qualité & condition qu'elles foient, d'en introduire d'impreſſion étrangere dans aucun
lieu de notre obéiſſance. A la charge que ces
Préſentes feront enregiſtrées tout au long
ſur le Regiſtre de la Communauté des Imprimeurs & Libraires de Paris , dans trois
mois de la date d'icelles ; que l'impreſſion
dudit Ouvrage ſe fera dans notre Royaume , & non ailleurs , en beau papier &
beaux caracteres ; que l'Impétrant ſe con-
formera en tout aux Réglements de la Li-
brairie , & notamment à celui du 10 Avril
1725 , à peine de déchéance de la préſente
Permiſſion ; qu'avant de l'expoſer en vente , le Manuſcrit qui aura ſervi de copie à
l'impreſſion dudit Ouvrage , ſera remis
dans le même état où l'Approbation y aura
été donnée , ès mains de notre très-cher &
féal Chevalier , Chancelier , Garde des
Sceaux de France , le ſieur DE MAUPEOU ;
qu'il en ſera enſuite remis deux Exemplaires dans notre Bibliotheque publique,
un dans celle de notre Château du Louvre,
& un dans celle dudit ſieur DE MAUPEOU ;
le tout à peine de nullité des Préſentes.
Du contenu deſquelles vous mandons &
enjoignons de faire jouir ledit Expoſant
ou ſes ayans cauſes , pleinement & paiſi-
blement ,

blement, fans fouffrir qu'il leur foit fait
aucun trouble ou empêchement. Voulons
qu'à la copie des préfentes, qui fera im-
primée tout au long au commencement
ou à la fin dudit Ouvrage, foi foit ajoû-
tée comme à l'original. Commandons au
premier notre Huiffier ou Sergent fur ce
requis, de faire, pour l'exécution d'icelles, tous actes requis & néceffaires, fans
demander autre permiffion, & nonobftant
clameur de haro, chartre normande, &
lettres à ce contraires ; car tel eft notre
plaifir. Donné à Verfailes le trente-unieme
jour de Décembre l'an mil fept cent foi-
xante-neuf, & de notre régne le cin-
quante-cinquieme.

Par le Roi en fon Confeil,

Signé, LE BEGUE , *avec paraphe.*

Régiftré fur le Regiftre XVIII *de la*
Chambre Royale & Syndicale des Libraires
& Imprimeurs de Paris , numéro 88: , *folio*
::: , *conformément au Réglement de* 1723,
qui fait défenfes , article 4: , *à toutes per-*
fonnes de quelque qualité & condition quel-
les foient, autres que les Libraires & Im-
primeurs, de vendre , débiter , faire afficher

O

aucuns Livres pour les vendre en leurs noms, soit qu'ils s'en disent les Auteurs, ou autrement, & à la charge de fournir à la susdite Chambre neuf Exemplaires prescrits par l'art. 108 du même Réglement. A Paris ce 31 Janvier 1770.

Signé, BRIASSON, Syndic, avec paraphe.

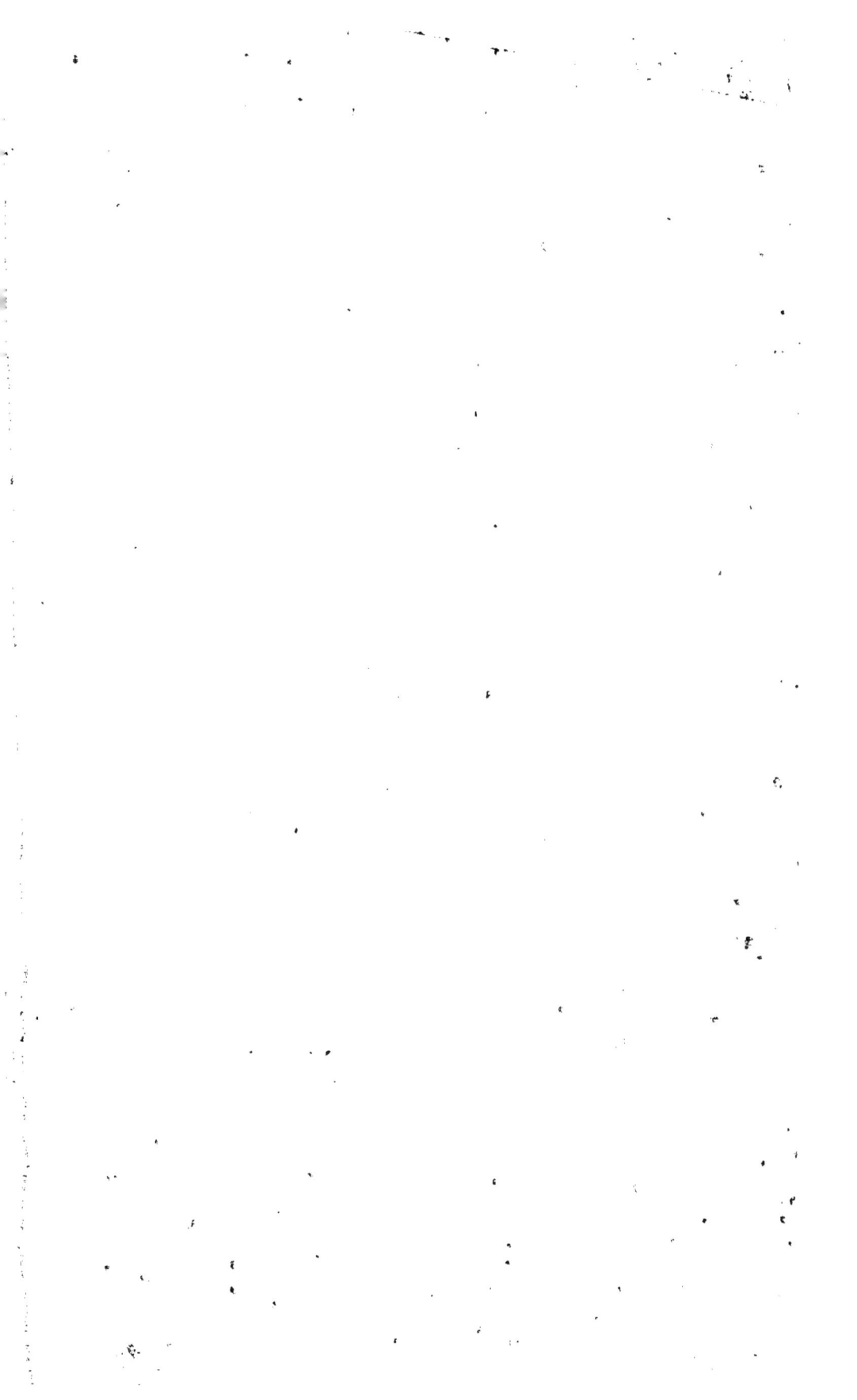

www.ingramcontent.com/pod-product-compliance
Lightning Source LLC
Chambersburg PA
CBHW072059090426
42739CB00012B/2814